공부머리 뇌과학

가와시마 류타川島隆太

도호쿠대학교 가레이의학연구소 교수이자 뇌과학자. 1959년 지바현 지바시 출생으로 일본 3대 명문대 중 하나인 도호쿠대학교 의학부를 졸업하고 스웨덴 왕립 카롤린스카연구소에서 연구원으로 활약했다. 인간의 뇌가 어떻게 움직이는지 연구하는 기능성 뇌 영상의 선구자이며, 일본에서 뇌 기능 연구의 최고 권위자로 평가받고 있다. 전 세계 2000만 개 이상 판매된 닌텐도 두뇌 트레이닝 시리즈의 감수를 맡은 것이 탁월한 업적 중 하나이다. 현재 일반인과 치매 환자의 인지 기능을 개선하기 위한 시스템 개발과 뇌 트레이닝을 위한 산학 연계 활동에 힘쓰고 있다. 저서로는 《독서의 뇌과학》《뇌가 건강해지는 하루 10분 숫자 퍼즐》 등이 있다.

감수 김보경

인간의 의사결정과 자기조절 능력을 탐구하는 행동과학자이자 신경심리학박사이다. 고려대학교 심리학과에서 학부와 석사를 마쳤고, 미국 스탠퍼드대학교에서 의사결정 신경과학을 전공하여 심리학 박사 학위를 받았다. 스튜디오 비 두뇌발달연구소를 통해 부모들에게 뇌과학과 심리학 기반의 육아 콘텐츠를 전달하고, 건강하고 균형 잡힌 뇌 발달을 위한 아이들의 행동 및 환경 개선을 컨설팅한다. 현재 미국 캘리포니아 실리콘밸리에서 두 아이를 키우며 다양한 기업, 스타트업, 학교 등과 함께 자기통제 및 의사결정 능력을 발달시키는 행동 프로그램들을 연구 개발하고 있다. 저서로는 《아이의 행동이 저절로 바뀌는 훈육의 정석》《스스로 해내는 아이의 비밀》《0~5세 골든 브레인 육아법》 등이 있다.

NOUKAGAKUKENKYU GA TSUKITOMETA "ATAMA NO YOIKO" WO SODATERU SUGOI SHUKAN by Ryuta Kawashima

Copyright © 2024 Ryuta Kawashima
Original Japanese edition published by PRESIDENT Inc.
All rights reserved.
Korean Translation Copyright © 2025 by Bookie Publishing House, Inc.
Korean translation rights arranged with PRESIDENT Inc. through The English Agency (Japan) Ltd. and AMO AGENCY

이 책의 한국어판 저작권은 AMO에이전시를 통해 저작권자와 독점 계약한 (주)부키에 있습니다. 저작권법에 의해 한국 내에서 보호를 받는 저작물이므로 무단 전재와 무단 복제를 금합니다.

공부머리 뇌과학

가와시마 류타 지음
김남경 감수 · 이효진 옮김

세계적 뇌과학자가 밝힌
유전 지능을 이기는
공부 지능 발달 습관

옮긴이 이효진

한국외국어대학교 통번역대학원 한일과를 졸업한 후 국제회의 통역사 및 바른번역 소속 번역가로 활동하고 있다. 어렸을 때 일본에서 생활하며 통번역사가 되고 싶다는 꿈을 키웠다. 옮긴 책으로는 《예민한 아이를 키우는 엄마의 불안이 사라지는 책》 《때려치우기의 기술》《실수하지 않는 사람들의 사소한 습관》《일하는 당신을 위한 최고의 수면법》《백년 심장 만들기》《오십에서 멈추는 혈관 백세까지 건강한 혈관》 등이 있다.

공부머리 뇌과학

초판 1쇄 발행 2025년 5월 20일
지은이 가와시마 류타
감수 김보경
옮긴이 이효진
발행인 박윤우
편집 김송은 김유진 박영서 백은영 성한경 장미숙
마케팅 박서연 정미진 정시원 함석영
디자인 박아형 이세연
경영지원 이지영 주진호
발행처 부키(주)
출판신고 2012년 9월 27일
주소 서울시 마포구 양화로 125 경남관광빌딩 7층
전화 02-325-0846 팩스 02-325-0841
이메일 webmaster@bookie.co.kr
ISBN 979-11-93528-65-5 03590

잘못된 책은 구입하신 서점에서 바꿔드립니다.

만든 사람들
편집 백은영 | 디자인 박아형

추천의 글

◌

공부 잘하는 뇌라니, 누구나 한 번쯤은 궁금해할 주제입니다. 이 책은 이렇게 말합니다. '공부머리는 타고나는 것이 아니라, 만들어지는 것이다.'

부모는 아이들에게 무엇을 가르쳐야 할지를 주로 고민합니다. 어떤 문제집을 풀지, 어떤 학원을 보낼지, 하루에 몇 시간을 공부할지를 말이죠. 하지만 더 중요한 질문은 아이의 뇌가 배울 준비가 되었는가입니다. 공부에 필요한 과제들을 하는 데에 필요한 인지적 능력, 공부하고 싶은 마음, 그리고 공부를 방해하지 않는 환경이 아이의 공부머리를 만듭니다.

저자는 뇌과학자로서, 어린아이부터 치매 환자에 이르기까지 인지적 처리 기능을 향상시키는 방법을 오랫동안 연구해왔습니다. 이 책에서는 성적이 우수한 아이들의 공통점과 뇌의 학습 능력을 강화하는 다양한 방법을 흥미롭게 풀어냅니다. 특히 저자가 닌텐도 두뇌 트레이닝 시리즈를 감수한 경험을 바탕으로 제시하는 '뇌 준비 운동'은 흥미롭고 실용적입니다. 본격적인 공부 전에 소리 내어 책 읽기, 간단한 연산 문제 풀기, 가족과 함께 게임을 즐기며 뇌의 집중력과 반응 속도를 강화하기 등이 그 예이지요. 한국의 놀이로 바꾸어 적용할 수도 있습니다. '3-6-9 게임'이나 '구구단을 외자' 같은 숫자 놀이, 혹은 '시장에 가면' 같은 외우기 놀이를 해보세요. 아이들이 공부에 쓸 기본 근력을 키워줍니다.

하지만 진정으로 중요한 건 아이가 스스로 배우고 싶어 하는 마음입니다. 저자는 성적이 우수한 아이들의 공통된 가정환경을 소개합니다. 첫째, 가정에서 자신의 이야기를 솔직하게 털어놓을 수 있다는 정서적 안정감입니다. 가족과의 대화를 많이 하는 아이들일수록 자신의 미래를 위해 공부하는 목적의식을 갖고 있고, 스스로 알고자 하는 마음(탐구심)을 바탕으로 공부한다고 합니다. 둘째, 미래와 꿈에 관한 대화를 부모와 나누며 정서적 지지를 경험하는 일입니다. 요즘 아이들은 꿈이 없다고 합니다. 저자가 보여주는 연구 결과도 그렇습니다. 학년이 올라갈수록 꿈을 자신 있게 이야기하는 아이들이 줄어듭니다. 하지만 자신의 미래를 부모와 이야기한 경험이 있는 아이들의 90퍼센트는 목표를 꾸준히 유지한다고 합니다. 한참을 곱씹게 되는 대목입니다. 아이가 공부에 대한 열망을 품게 하려면 "이렇게 해라. 저렇게 해라"라고 지시하는 입이 아니라 아이가 자신의 꿈에 대해 말할 때 들어주는 귀가 필요하다는 뜻이겠지요.

'어떻게 공부를 시킬까?'보다는, '아이의 뇌가 열심히 배우도록 어떻게 도울까?'라는 본질적인 질문에 답을 찾고자 하는 분들께 이 책을 추천합니다. 《공부머리 뇌과학》이 부모와 교사, 그리고 아이 스스로가 배움의 여정을 깊고 단단하게 만들어가는 데 든든한 길잡이가 되기를 바랍니다.

—

김보경

스탠퍼드대학교 신경심리학박사·
《아이의 행동이 저절로 바뀌는 훈육의 정석》
《스스로 해내는 아이의 비밀》 저자

○

"공부도 재능이다" "어릴 때부터 공부 잘하는 아이는 따로 있다"라고 말하는 분들이 있습니다. 정말 그럴까요? 제가 의

대에 진학하고 많은 학생을 가르치며 깨달은 한 가지 사실은, 학습 능력은 타고나는 게 아니라 만들어진다는 것입니다. 공부머리는 공부 습관으로 키울 수 있다는 의미이기도 합니다. 그런데 제가 중고등학생들 900명을 컨설팅하며 느낀 바는, 이 아이들에게 공부법을 알려주는 건 어렵지 않지만 이미 굳어버린 공부 습관을 고쳐주는 건 정말 힘든 일이라는 사실입니다. 초등 아이들에게 일찍부터 올바른 공부 습관을 잡아주고자 책을 쓰고 학부모를 대상으로 강연을 하게 된 이유입니다. 공부머리를 키우려면 문제집을 풀고, 학원에 다니는 것보다 선행해야 하는 것이 있습니다. 바로 아이의 뇌를 공부에 최적화된 상태로 준비하는 일입니다.

가와시마 류타는 뇌과학자로서 자신이 진행한 여러 연구 결과를 바탕으로 부모가 아이의 두뇌 발달을 어떻게 도울 수 있는지에 대해 매우 실용적인 조언을 제시하고 있습니다. 특히 수면, 식습관, 운동, 미디어, 독서, 부모와의 대화 등 생활 습관이 아이의 사고력과 창의력, 즉 공부머리 발달과 밀접하게 관련돼 있음을 강조합니다. 제가 초등학생 때 어머니께서 잡아주신 독서 습관이나 공부법이 이 책의 내용과 일치해서 내심 반갑고 놀랍기도 했습니다. 또 제가 가르친 학생 중에서도 스스로 생각하는 힘이 강한 아이들은 어릴 때부터 부모와 대화하는 시간이 많았고, 꾸준한 독서 습관을 길러온 경우가 많았습니다.

이 책을 읽다 보면, 부모가 단순히 아이에게 공부하라고 말하는 것이 아니라 어떤 환경을 만들어주어야 하는지, 어떤 말이 아이의 뇌를 춤추게 하는지를 알게 될 것입니다. 여러분도 아이에게 무작정 지식을 쏟아 넣기 전에 뇌 발달이 건강하게 진행되고 있는지 살펴보고, 공부 효율이 높은 뇌를 만드는 습관을 따라 해보길 권합니다. 공부하라는 말보다 더 중요한 것은 아이의 뇌가 공부를 좋아하게 만드는 일입니다. 저자의 말처럼 내 아이의 한계를 미리 설정하지 말고, 오늘보다 더 나은 공부 뇌로 계속 발전해나갈 수 있음을 기억해주세요. 지금 평범해도 결국 최상위권으로 도약하는 친구들은 유초등기부터 공부머리 발달 습관을 잘 다진 아이들입니다. 입시라는 12년 마라톤을 성공적으로 완주할 기반을 마련하는 데 이 책의 조언들은 큰 도움이 될 것입니다.

임민찬

《의대생의 초등 비밀과외》 저자

자녀 교육에 대해 고민하는 부모라면 누구나 "우리 아이가 어떻게 하면 공부를 더 잘할 수 있을까?"라는 질문을 떠올립니다. 하지만 진짜 중요한 것은 성적 향상만이 아니라, 아이가 스스로 학습하는 힘을 기르고, 지속 가능한 공부 습관을 만드는 일입니다. 이 어려운 과제에 답을 얻기 위해 수많은 교육 전문가들과 인터뷰를 진행하면서 얻은 답은 "인풋input이 모든 걸 결정한다"라는 것이었습니다.

《공부머리 뇌과학》의 핵심은 무작정 공부를 시키기 이전에 아이의 뇌를 최적화하는 인풋이 중요하다는 메시지를 담고 있습니다. 가장 중요하지만 놓치기 쉬운 본질에 관한 이야기라고 느낍니다. 최상위권으로 가는 공부법, 선행학습보다 중요한 것은 꾸준한 공부 습관을 만드는 일인데, 이 방법을 뇌과학에 기반해 구체적으로 제시하고 있습니다. 특히 소리 내어 읽기, 단순한 숫자 계산 등 뇌과학적 측면에서 학습 능력을 높여 주는 구체적인 팁들은 가정에서 곧바로 적용해 볼 수도 있습니다. 실제로 저는 이 책에서 강조하는 소리 내어 읽기를 아침마다 아이들과 함께 실천 중인데, 집중력을 끌어올리고 유지하는 데 큰 도움이 됩니다.

또 공부법을 넘어 꾸준한 독서 습관과 부모와의 질 높은 대화가 이어지는 가정의 분위기가 결국 아이의 사고력과 문제 해결 능력을 키운다는 내용은 교육 인플루언서이자 자녀를 키우는 부모로서 가장 인상적인 부분이었습니다. 평소 부모와 따뜻한 대화를 나누며 좋은 책을 많이 읽고 자란 아이, 즉 좋은 인풋이 압도적으로 많은 아이와 과도한 스마트폰 사용으로 유해한 콘텐츠에 자주 노출된 아이 중 어떤 아이의 공부머리가 더 좋을 것인지, 성적을 떠나 어떤 아이가 더 행복한 인생을 살지는 자명합니다. 이런 맥락에서 저자는 아이에게 좋은 인풋을 효과적으로 주고 싶은 부모들에게 실용적이고 실천적인 가이드라인을 제공합니다.

단순히 국·영·수 성적이 높은 데서 그치는 게 아니라 타인을 이해하고 공감하는 정서지능이 높은 아이, 어떤 상황에서든 포기하지 않고 끝까지 해내는 아이로 키우고 싶은 부모들에게 이 책을 추천합니다.

―

브루스PD

유튜브 〈가든패밀리〉 운영자

◇ 차례 ◇

추천의 글 ··· 5
들어가며 | 공부머리는 타고나는 것이 아니라 만들어지는 것이다 ··· 17

Part 1

뇌과학으로 이해하는 공부머리

1

아이의 뇌에 대해 알아야 할 것

아이의 뇌 발달 단계와 골든타임 ··· 29
사고력을 결정하는 전전두피질 ··· 32
전전두피질을 효과적으로 활성화하는 방법 ··· 36

2

공부 뇌는 어떻게 발달하는가

뇌는 배움을 사랑한다 ··· 41
뇌는 훈련할수록 복잡하게 진화한다 ··· 45
계산, 암기, 소리 내어 읽기를 하면 나타나는 '전이효과' ··· 47

핵심 포인트 ··· 50
온 가족 공부 뇌 트레이닝 게임❶ 기억력 UP! 가위바위보 ··· 52

Part 2

공부머리가 탁월해지는 습관

뇌과학이 증명한 공부머리 특효약: 독서 습관

뇌 구조를 바꾸는 음독의 힘 ⋯ 61
독서 습관과 성적 간의 관계 ⋯ 64
어떤 책을 읽어야 할까 ⋯ 68
영유아기 책 읽기가 지능에 미치는 영향 ⋯ 71
창의력의 원천이 되는 독서 ⋯ 74

핵심 포인트 ⋯ 78

아이의 뇌를 춤추게 한다: 부모의 말 습관

부모와 눈 맞추고 대화하는 아이는 정서지능이 높다 ⋯ 83
자기주도적 학습을 이끄는 대화법 ⋯ 87
절대 금지: 뺨을 때리는 것과 같은 모욕적인 말 ⋯ 95
상위권 학생들은 부모와 자신의 꿈에 관한 대화를 나눈다 ⋯ 98

핵심 포인트 ⋯ 103

3

아이의 뇌를 지켜라: 미디어 습관

과한 미디어 노출이 언어지능에 미치는 영향 … 109
스마트폰은 하루에 1시간 이내로 사용한다 … 113
메신저 앱은 공부 뇌에 독이 된다 … 120
디지털 학습이 효과적이라는 착각 … 124
부모의 스마트폰 의존이 아이 뇌에 미치는 영향 … 130
바깥 놀이를 해야 뇌의 신경세포가 늘어난다 … 133

핵심 포인트 … 138
온 가족 공부 뇌 트레이닝 게임❷ **두뇌 회전 UP! 트럼프 암산 게임** … 141

4

공부머리의 에너지원: 식사 습관

상위권 아이들은 아침 식사를 거르지 않는다 … 147
아침 식사로 빵보다는 밥이 뇌에 좋다 … 153
뇌가 좋아하는 다양한 영양소 … 157
철분 부족에 유의해야 하는 이유 … 164
두뇌 활동에 도움이 되는 생선 … 166
머리가 좋아지는 가족 요리 교실 … 168

핵심 포인트 … 172
온 가족 공부 뇌 트레이닝 게임❸ **인내력 UP! 리듬 놀이** … 175

Part 3

공부 뇌 최적화 프로젝트

① 준비: 최적의 컨디션 만들기

수면 • 똑똑한 아이들은 밤 10시 전에 잔다 ⋯ 183
환경 ① • 실온 조절: 공부하기 좋은 온도 ⋯ 191
환경 ② • 소음 차단: 공부 중 음악, TV, 스마트폰은 멀리하자 ⋯ 194
집중력을 끌어올리는 2분 뇌 스트레칭 ① • 소리 내어 읽기 ⋯ 197
집중력을 끌어올리는 2분 뇌 스트레칭 ② • 숫자 계산 ⋯ 199
핵심 포인트 ⋯ 202

② 실전: 최고의 성과를 내는 뇌과학적 공부법

반복 • 뇌 회로를 튼튼하게 만드는 가장 좋은 방법 ⋯ 207
액티브 리콜 공부법 • 뇌에 기억을 정착시키기 ⋯ 210
오답 공부법 • 틀린 이유를 꼼꼼히 살펴봐야 하는 이유 ⋯ 213
분산 공부법 • 조금씩, 꾸준히 공부하는 게 효율적이다 ⋯ 215
스몰 석세스 공부법 • 목표까지 가는 단계를 밟으면 뇌는 끝까지 해낸다 ⋯ 217
핵심 포인트 ⋯ 221

③ 부모의 역할: 공부하는 자녀의 러닝메이트가 되자

포기하지 않는 아이를 만드는 부모의 격려 ⋯ 225
시험 전날 해야 할 일 세 가지 ⋯ 228
온 가족 공부 뇌 트레이닝 게임 ❹ **기억력 UP! 단어 기억 게임** ⋯ 233

들어가며

공부머리는
타고나는 것이 아니라
만들어지는 것이다

부모라면 누구나 자녀를 머리 좋은 아이로 키우고 싶어 합니다. '머리가 좋다'라는 말은 단순히 암기를 잘한다거나 문제를 잘 푼다는 의미에 그치지 않고 다음과 같은 의미도 포함합니다.

- 정보를 빠르게 이해하고 자신만의 생각을 구축하는 데 활용한다.

- 읽고 본 것을 쉽게 기억한다.
- 타인의 말이나 표정, 목소리에서 느껴지는 감정을 잘 파악해 원활하게 소통한다.
- 어려운 일이 생겼을 때 당황하지 않고 해결책을 찾아 행동한다.
- 새로운 아이디어를 끊임없이 생각해 낸다.

대개 이러한 아이들을 머리 좋은 아이라고 생각합니다. 정보 처리 능력이나 기억력뿐만 아니라 커뮤니케이션 능력, 문제 해결 능력, 창의력 등 다양한 능력이 뛰어난 아이로 성장하면 더할 나위 없겠지요.

예전에는 정보 처리 능력과 기억력이 뛰어나면 좋은 대학에 입학할 수 있었고, 졸업 후 대기업에 취업하면 성공한 삶이라고 여겼습니다. 하지만 요즘 시대에는 그것만으로는 충분하지 않습니다. 지금은 상황이 많이 변해서 세상이 원하는 똑똑함은 예전과 달리 더 많은 능력을 포괄한다고 볼 수 있습니다. 왜 그럴까요?

우리가 미래를 예측할 수 없는 시대에 살고 있기 때문

입니다. '저 회사에만 가면 평생 먹고살 걱정은 없겠다'라고 생각했던 대기업이 한순간에 망하기도 하고, 이름도 알지 못했던 작은 IT 기업이 불과 몇 년 사이에 세계적인 기업으로 성장하기도 합니다. 또 미래에는 현존하는 직업의 3분의 1이 사라진다는 말이 있는 한편 새로운 직업도 계속해서 생겨날 거라고도 합니다. 10년 후는 물론 5년 후도 내다볼 수 없는 시대가 된 것입니다.

이런 상황에서 자녀에게 확실하고도 유일한 무기가 되는 것은 무엇일까요? 바로 '똑똑한 두뇌'입니다. 시대와 상황이 어떻게 바뀌더라도 힘을 발하는 머리가 있어야 한다는 의미이지요. 우리가 사는 21세기에 똑똑한 두뇌를 가진 사람이란, 단순히 알고 외우는 것만으로 그치지 않고 자기가 아는 지식을 다양하게 활용하고 융합해 새로운 가치를 창출할 줄 아는 창의융합형 인재를 말합니다. 아무리 세상이 변해도 자녀가 시대의 흐름에 뒤처지지 않고 마음껏 능력을 발휘하며 살길 바라는 게 모든 부모의 바람입니다. 이 책에서는 그 바람이 실현될 수 있도록 아이들의 두뇌 역량을 최대한 끌어내는 방법을 말씀드리고자 합니다.

똑똑한 두뇌라고 하면 흔히 가장 먼저 떠올리는 개념이 높은 지능지수IQ일 겁니다. 또는 지식이 많은 상태라고 생각하는 사람도 있습니다. 하지만 둘 다 앞서 말한 넓은 의미에서의 좋은 머리라고 할 수 있을지는 의문이 듭니다. 세계적 교육 석학 하워드 가드너Howard Gardner는 IQ만으로는 개인의 지적 능력을 파악하는 데 한계가 있음을 지적하며 다중지능이론theory of multiple intelligences을 제시했습니다. 다중지능이론에서는 IQ의 지표가 되는 논리수학지능, 언어지능 외에도 음악지능, 신체운동지능, 인간친화지능, 대인관계지능, 개인이해지능, 자연탐구지능 등 여덟 가지 지능이 독립적이며 똑같은 비중을 갖고 있다고 말합니다. 이 이론에 따르면 사람은 누구나 가장 뛰어난 한 가지 지능을 갖고 있으며, 다중지능을 계발하려면 아이가 가진 가장 뛰어난 지능에 중점을 두되 다른 영역도 골고루 자극해주어야 한다고 합니다.

뇌과학 전문가인 저는 '머리가 좋다'라는 말은 '뇌 안에 고속 네트워크가 많이 설치된 상태'라고 정의합니다. 하워드 가드너의 이론을 빌리자면, 여덟 가지 지능에 관여하는 뇌 신경세포가 촘촘하게 연결된 상태가 되는 것을 의미하겠지요. 정보는 신경세포라는 통로를 지나갑니다. 그 통로는 훈련, 습관을 통해 고속 네트워크로 발달할 수 있습니다. 이렇게 다양한 영역의 지능이 잘 발달한 아이가 공부에 유리한 건 당연합니다. 앞에서 말한 창의융합형 인재가 될 가능성도 크지요.

　혹시 '내 아이는 타고난 머리가 썩 좋지 않은 것 같아' 또는 '나도 공부를 못했는데 아이한테 공부머리가 있을 리 없지'라며 지레 포기하는 부모가 계신가요? 해외 논문 결과들을 살펴보면 IQ가 학업 성취에 미치는 영향은 5~15퍼센트에 불과하다고 합니다. 뛰어난 지능을 물려주지 못했다고 불안해 하거나 실망하는 대신 오늘부터 아이의 뇌 교육을 시작하면 됩니다. 내 아이의 강점 지능은 분명히 있습니다. 이를 정확히 파악해 흥미를 갖도록 유도하고 제대로 동기 부여를 하면 아이 뇌에 공부의 씨앗을 뿌릴 수 있습니다. 제가 이 책에 제시한 뇌 훈련 습관들은 본격적으로 입시 공부에 뛰어들기 전인 유아기, 초등 시기에 잡아둘수록 좋습니다. 씨앗을 심으면 싹을 틔우고 열매를 맺는 공부머리 토양을 다지는 작업이라고 할 수 있지요. 학년이 올라갈수록 억지로 학원에 보내지 않아도 스스로 공부하고, 투입 시간 대비 학업 성취도가 높은 아이들은 바로 이런 사전 작업이 이루어진 경우입니다.

저는 인간의 뇌를 오랜 시간 연구한 뇌과학자로서, 뇌는 훈련하면 할수록 변화 가능성이 크다고 확신합니다. 직접 진행한 여러 연구 결과를 지켜보며 얻은 결론입니다. 비단 아이의 뇌만 그런 것이 아닙니다. 치매 환자의 뇌조차 적절한 자극을 주면 기능이 좋아진다는 사실이 저의 연구를 통해 확인되었습니다. 부모의 뇌도 아이의 뇌와 마찬가지로 긍정적인 자극을 받으면 최신 버전으로 업데이트할 수 있습니다. 시대를 가리지 않고 어떤 세계에서나 통하는 좋은 머리를 부모와 아이 모두 갖게 된다면 움츠러들고 두려워할 일이 없을 것입니다.

자녀가 학업 능력이 뛰어난 것뿐 아니라 어딜 가나 자신감 있고 인정받는 똑똑한 아이, 남에게 이리저리 휘둘리지 않고 자신의 뚜렷한 주관을 가진 아이가 되길 바란다면 지금부터 최적의 두뇌를 만드는 습관을 시작해봅시다. 저와 제 연구팀이 진행한 실험 결과로 뒷받침되는 내용을 선별했고, 집에서 쉽게 따라 할 수 있는 두뇌 발달 게임도 있으니 차근차근히 해보길 바랍니다. 부모님이 함께한다면 아이들에게 더 신나고 재밌는 과정이 될 것입니다.

Part 1

뇌과학으로
이해하는
공부머리

· 1 ·

아이의 뇌에 대해
알아야 할 것

아이의
뇌 발달 단계와
골든타임

  인간의 뇌는 완전히 발달을 마칠 때까지 두 번의 골든타임을 맞이합니다. 이 골든타임에 신경세포 간 연결이 활성화하면서 뇌 성장이 폭발적으로 이루어집니다.

  첫 번째 골든타임은 만 3세까지입니다. 생후 3년은 두정엽, 측두엽, 변연계가 발달하는 시기로 시각, 청각, 촉각, 후각, 미각의 오감 영역이 성인과 비슷한 수준으로 발달합니다. 따라서 3세까지는 가정에서 다양한 것을 보고, 듣고, 만지고, 냄새 맡고, 맛보게 해서 뇌를 충분히 자극하는 일이 중요합니다. 감정을 관장하는 영역이 발달하는 핵심적인 시기이기도 해서 주 양육자와 애착 관계가 잘 형성되어야 합니다.

두 번째 골든타임은 9세부터 18세까지로 사춘기 무렵입니다. 이 시기에는 고차원적 인지 능력, 사고력, 감정 조절을 관장하는 전두엽에서 '가지치기pruning'가 진행

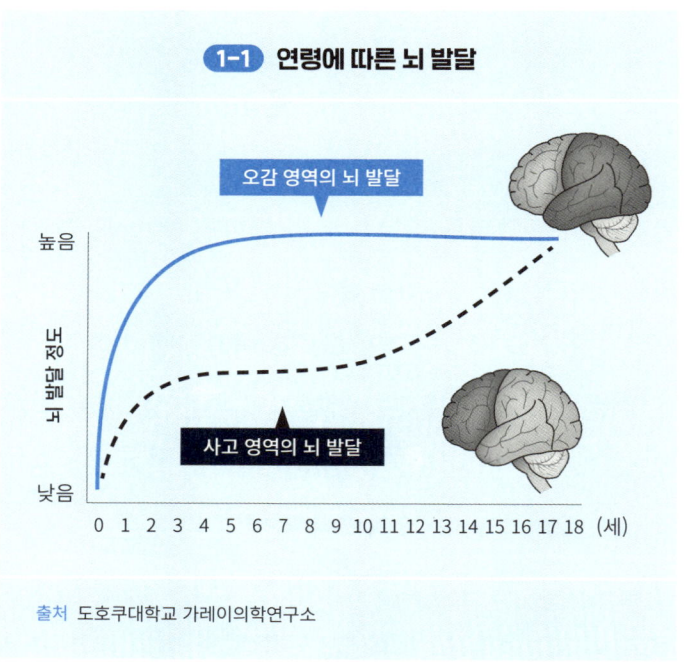

되는데, 이는 불필요한 신경망들을 제거하고 성숙한 뇌로 도약하는 중요한 과정입니다. 논리력, 탐구력, 창의력 등 다양한 지적 능력이 크게 발달하는 시기이기도 합니다.

다시 말해 뇌 발달의 핵심 시기는 가정에서의 경험이 중요한 0~3세 시기와 가정과 학교 경험이 중요한 9~18세로 크게 두 번 있다고 할 수 있습니다. 이 시기에 긍정적인 자극을 많이 주면 아이의 뇌는 스펀지처럼 그 자극을 흡수합니다. 뇌의 모양도 바뀌면서 쑥쑥 발달하게 되지요.

사고력을 결정하는 전전두피질

뇌 발달을 이해하기 위해 먼저 뇌의 구조에 대해서 간단히 설명하겠습니다.

인간의 뇌는 주로 대뇌, 소뇌, 뇌간의 세 부분으로 구분되어 있습니다. 그중 다른 동물과 비교해 특별히 대뇌가 발달했습니다. 인간의 대뇌는 전두엽 frontal lobe, 두정엽 parietal lobe, 측두엽 temporal lobe, 후두엽 occipital lobe의 네 부분으로 나눌 수 있습니다.

1-2 인간의 뇌 구조

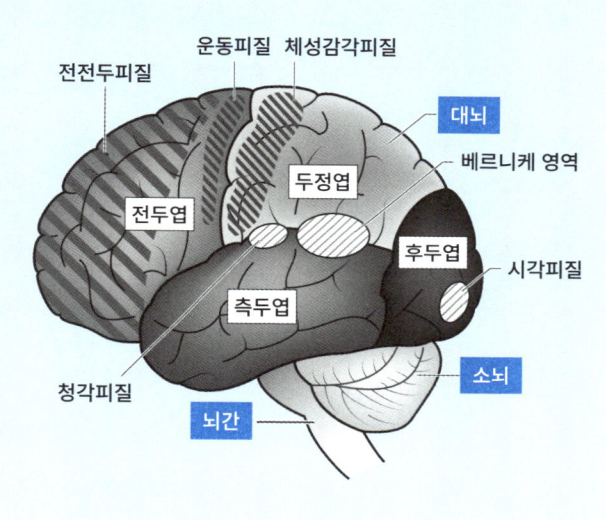

각각 다음과 같은 역할을 합니다.

- **전두엽**

    대뇌의 앞쪽 부분으로 기억력, 사고력, 추리, 계획, 운동, 감정, 문제해결 등 고등정신작용을 주관한다.

- **두정엽**
  1차 체성감각피질이 있어 촉감, 온도, 통각, 가려움, 위치정보 등을 받아들인다.

- **측두엽**
  기능적으로 후각피질, 청각피질, 베르니케 영역, 해마 등으로 나눌 수 있으며 청각, 언어, 감정을 다룬다.

- **후두엽**
  뇌가 접하는 정보가 가장 먼저 들어오는 곳으로 주로 시각과 관련된 기능을 한다.

    전두엽 중에서도 이마 바로 뒤쪽에 있는 넓은 부분이 전전두피질prefrontal cortex입니다. 전전두피질은 인간만이 할 수 있는 고차원적 역할을 관장하는, 뇌에서 가장 중요한 영역입니다.

    전전두피질은 주로 다음과 같은 역할을 합니다.

- 사고
- 계획
- 추리
- 소통
- 행동 제어
- 감정 제어
- 주의 집중
- 의욕 고취

　이 책에서는 전전두피질을 효과적으로 자극하는 여러 방법을 이야기할 것입니다. 전전두피질 활성화 정도가 소위 머리가 좋냐 나쁘냐를 결정하는 주요 요인이기 때문입니다.

　전전두피질의 능력이 향상되면 뇌는 어떻게 변화할까요? 뇌를 컴퓨터에 빗대어 설명하겠습니다. 컴퓨터의 성능은 계산 속도의 빠르기와 작업 영역의 크기로 결정됩니다. 뇌를 컴퓨터라고 가정하면 전전두피질은 CPU와 메모리 부분에 해당하지요. 성능이 좋은 CPU와 대용량 메모리를 갖춘 컴퓨터는 고성능, 최신식이라는 평가를 받듯 전전두피질의 처리 속도가 빨라지면 뇌 전체의 성능이 좋아집니다. 즉 머리 좋은 아이가 될 수 있는 것입니다.

전전두피질을 효과적으로 활성화하는 방법

전전두피질의 처리 속도를 높이고 작업 영역을 확대하려면 적절한 자극이 있어야 합니다. 가장 좋은 자극 방법이 바로 '학습'입니다.

저는 전전두피질이 언제 활성화하는지 연구해 왔습니다. 뇌의 활동을 조사하는 기능적 자기공명영상법 fMRI(혈류 변화를 감지하여 뇌 활동을 감지하는 장치)과 광토포그래피optical topography(미약한 근적외선을 사용하여 뇌의 혈류를 측정하는 검사) 등의 장치를 이용해 전전두피질 부위를 자극하는 여러 활동을 조사한 결과, 숫자나 기호를 능숙하게 다루는 연습을 할 때 가장 큰 효과가 나타난다는 사실이 밝혀졌습니다. 아이의 두뇌 발달 효과를 높이려면 아이 수준에 맞는 간단한 수학 문제나 기호 처리 문제를 집중해서 푸는 연습을 꾸준히 해보길 권합니다.

'뇌가 활성화된 상태'란 우리 머리 안에서 어떤 일이 벌어지는 걸 뜻할까요? 먼저 혈류의 흐름이 활발해집니다. '4+2'라는 한 자릿수 덧셈을 하는 상황이라고 해봅시다. 간단한 계산이지만 전전두피질의 세포가 움직여야 합니다. 이를 위해 산소와 포도당이 공급되며 전전두피질의 혈류가 빨라집니다. 다만 이런 과정 자체만으로 머리가 좋아진다고 할 수는 없고, 반드시 뒤따라야 하는 과정이 있습니다. '단련'입니다. 이 원리는 우리가 운동할 때와 비슷합니다. 탄탄한 근육을 갖고 싶다면 근섬유를 두껍고 크게 만들기 위해 근력 운동을 반복적으로 해야 합니다. 뇌 역시 간단한 사칙연산을 반복하는 훈련을 통해 뇌의 부피가 증가하게 됩니다. 이런 과정에서 뇌 기능이 향상되어 머리가 좋아질 수 있는 것입니다.

· 2 ·

공부 뇌는 어떻게 발달하는가

뇌는 배움을 사랑한다

한 자릿수 계산을 빠르게 하거나 소리 내어 읽기를 하면 뇌 기능이 향상된다는 사실이 여러 실험을 통해 밝혀졌습니다. 이를 바탕으로 저는 치매 환자를 위한 비약물요법인 '학습 요법'을 개발했습니다. 그 효과는 기대 이상이었습니다. 특히 학습 요법은 치매 진행을 늦출 뿐 아니라 인지 기능 증진에도 도움을 주었습니다. 학습 요법은 약을 뛰어넘는 효과로 주목받았고 현재 전 세계에서 쓰이고 있습니다. 치매 환자의 뇌 기능도 개선하는 학습의 위력이 건강한 아이의 뇌에서는 어떻게 발휘될지는 쉽게 상상할 수 있을 것입니다.

뇌과학자로서 저는 학령기의 아이들이 읽고, 쓰고, 계산하는 학습 습관을 갖는 것을 추천합니다. 특히 책을 소리 내어 읽고, 계산 속도를 높여보는 것을 추천합니다. 국어나 산수 과목 공부도 되지만 두뇌 자체의 역량이 커지는 일석이조의 효과를 누릴 수 있기 때문이지요.

중요한 건 이런 훈련을 학교나 학원에서만 해주길 바라지 말고 가정에서 해야 한다는 점입니다. 집에서 공부하는 습관이 있는 아이와 없는 아이의 뇌 사진을 비교해보면 전자 쪽의 뇌 부피가 유의미하게 증가하는 현상이 나타납니다. 집 공부 습관이 있는지 없는지에 따라 뇌 구조 자체에 차이가 생기는 것입니다.

물론 아이들을 집에서까지 계속 책상에 앉혀 주입식 교육을 하라는 말은 아닙니다. 전전두피질을 균형 있게 발전시키려면 학습만으로는 충분하지 않습니다. 식사로 필요한 영양분을 섭취하고, 몸을 충분히 움직이면서 또래와 함께 가슴이 두근거릴만한 체험을 해야 뇌가 복합적인 자극을 받고 비로소 안정적으로 발달합니다(자세한 내용은 나중에 설명하겠습니다). 다만 이렇게 다양한 두뇌 자극 활동 중에서도 전전두피질에 특히 더 좋은 자극이 되는 활동이 읽기, 쓰기, 빠르게 계산하기라는 점은 확실합니다. 밖에서 친구와 뛰어놀 때는 뛰어놀며 다양한 놀이를 하되, 집에서 학습할 때는 이 방법을 활용해보길 바랍니다.

뇌 발달이 미숙한 어린 아기도 마찬가지입니다. 부모가 아이에게 그림책을 읽어주면 소리를 판별하는 측두엽과 함께 사고나 감정을 다스리는 전전두피질도 활성

화한다는 사실이 실험을 통해 밝혀졌습니다.

아직 말을 하지 못하는 시기일지라도 아이의 뇌는 학습에 흥미를 보입니다. 4세 무렵부터는 배우려는 욕구가 커지기 시작하므로 다양한 지식을 접하게 해주는 게 좋습니다. 이 사실을 인지하고 아이가 연령에 맞는 인지적·정서적 자극을 받을 수 있도록 학습하는 게 중요합니다. 억지로 지나치게 강요하는 공부만 아니라면 사실 아이의 뇌는 배움을 무척 좋아합니다.

뇌는 훈련할수록 복잡하게 진화한다

학습을 통해 뇌의 부피가 늘어날 수는 있지만 뇌 크기 자체를 키울 수는 없습니다. 뇌의 부피가 커진다는 말은 뇌를 더 복잡하게 성장시킨다는 의미입니다. 또 뇌의 혈류가 늘고 활성화하면 뇌의 신경세포 사이 사이를 이어주는 신경섬유가 길어지면서 가지치기를 하지요.

    우리가 머리를 쓸 때 뇌의 신경세포는 문제 해결과 처리를 위해 어느 세포와 힘을 합쳐 정보를 교환해야 최적의 답을 찾을 수 있는지 여러 번 시행착오를 겪습니다.

이때 세포 사이를 이어주는 신경섬유가 더 많거나 두꺼우면 더 많은 양의 정보를 원활하게 주고받을 수 있습니다. 편도 1차로인 일반도로보다 편도 3차로 고속도로가 훨씬 더 교통량이 많은 것과 비슷합니다. 뇌 안의 정보를 주고받는 고속 네트워크를 많이 가지고 있는 사람이 머리가 좋은 사람이겠지요. 이 고속 네트워크는 단련하면 할수록 더 늘어납니다. 전전두피질의 신경 회로가 더 복잡해지고 처리 속도가 빨라져 작업 영역도 더 확대된다는 뜻입니다.

계산, 암기, 소리 내어 읽기를 하면 나타나는 '전이효과'

앞서 언급했듯 간단한 계산이나 소리 내어 읽기를 습관화하면 아이의 뇌가 깨어납니다. 산수와 암기 능력도 향상될 것입니다. 하지만 학년이 올라갈수록 더 복잡한 능력이 요구되고, 미래형 인재가 되기 위해서는 공부만 잘하는 것을 넘어 문제 해결 능력과 소통 능력, 창의력 등도 필수이지요.

너무 걱정하지 않으셔도 됩니다. 정보 처리 속도를 높이는 훈련을 하면 놀랍게도 계산 능력이나 기억력과는 직접 관련이 없는 다양한 능력이 함께 높아진다는 사실이 최근 연구를 통해 확인되었습니다. 이것을 '전이효과 transfer effect'라고 합니다.

구체적으로 말씀드려보겠습니다. 한 자릿수 숫자를 사용한 계산식을 열심히 풀거나 단순한 기호를 암기하거나 소리 내어 읽는 습관을 꾸준히 반복하면 계산 능력, 기억력 향상뿐만 아니라 창의력과 논리적 사고력, 주의력, 감정 조절 능력까지 좋아지는 신기한 현상이 발생합니다.

뇌의 전전두피질은 정보 처리 능력을 비롯해 인간의 여러 고차원적인 능력들을 두루 관장하고 있습니다. 전전두피질 자체의 성능이 높아지면 이 뇌 부위가 관장하는 다른 능력까지 키울 수 있다는 말입니다.

최근에는 컴퓨터나 스마트폰이 있으니 계산 능력과 기억력은 그다지 필요하지 않다는 의견도 있습니다만, 정보 처리 능력과 기억력을 높이는 학습이야말로 인간의 고차원적 능력을 펼치는 스위치가 될 수 있다고 하면 이해가 될 것입니다.

아이들의 머리가 좋아지게 하려면 숫자나 문자를 많

이 접해야 합니다. 이것이 기본입니다. 그 외에 뇌 발달에 도움이 되는 요소들은 다음 장에서 자세히 설명하겠습니다.

핵심 포인트

✻ 인간의 뇌는 발달과정에서 두 번의 골든타임을 거친다. 첫 번째는 0~3세 시기로 오감과 감정 영역이 집중적으로 발달하므로 시각, 청각, 촉각, 후각, 미각을 다양하게 느낄 수 있는 활동을 하고, 주 양육자와 건강한 애착 관계를 형성하는 게 중요하다. 두 번째는 9~18세 사춘기 무렵으로, 이 시기에 고차원적 인지 능력, 사고력, 감정조절을 관장하는 전두엽에서 불필요한 신경망을 제거하는 가지치기가 일어난다. 논리력, 탐구력, 창의력 등 고차원적인 지적 능력이 크게 발달하는 시기이기도 하다.

✻ 다른 동물과 비교해 인간은 대뇌, 소뇌, 뇌간 중 대

뇌가 특별히 발달했다. 특히 대뇌 전두엽의 전전두피질은 인간만이 할 수 있는 사고, 행동이나 감정 제어, 소통, 기억, 주의 집중 등 고등한 정신작용을 하는 중요한 영역이다. 이 전전두피질을 효과적으로 자극할수록 머리 좋은 아이가 될 가능성이 크다. 가장 좋은 방법은 읽고, 쓰고, 계산하는 학습 습관을 갖는 것이다.

* '머리가 좋아진다'는 의미는 뇌 신경세포 사이에 여러 갈래의 튼튼한 고속 네트워크가 생기는 것을 의미한다. 문제 해결을 위해 고민하고, 해답을 찾는 과정을 반복할수록 전전두피질 신경회로는 더 복잡해지고 처리 속도가 빨라지며, 작업 영역도 확대된다.

* 한 자릿수 숫자 계산이나 단순한 기호 암기, 소리 내어 읽기 같은 정보 처리 능력 강화 훈련을 하면 뇌에서 '전이효과'가 일어난다. 계산 능력, 암기력을 위한 연습을 하면 논리적 사고력, 주의력, 창의력, 감정 조절 능력을 관장하는 뇌 부위까지 좋아지는 것이다.

온 가족 공부 뇌 트레이닝 게임 ①

기억력 가위바위보

기억력을 단련하기 위해 부모와 아이가 함께하는 게임입니다. 최선을 다하다 보면 전이효과가 일어나 창의력, 집중력, 논리적 사고력도 함께 좋아집니다. 아래 순서로 게임을 진행해보세요.

- 가족이나 친구와 둘씩 짝을 이루어 출제자와 도전자를 정합니다.
- 도전자는 우선 출제된 숫자에 맞는 동작을 기억합니다(예: 숫자 1, 4, 7은 오른손 가위).
- 출제자는 1부터 9까지 숫자 중에서 하나를 도전자에게 전달하고 도전자는 그 숫자에 맞는 동작을 빠르게 시행합니다.
- 출제자는 숫자를 무작위로 빠르게 말하고 도전자도 가능한 한 빨리 대답합니다.

1단계

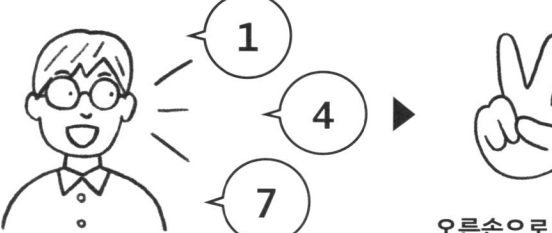

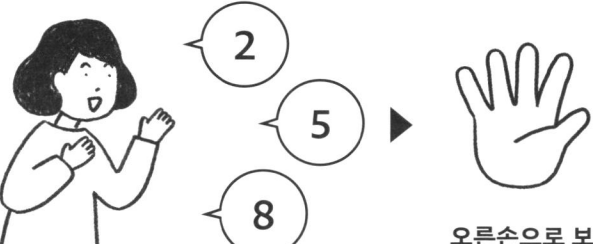

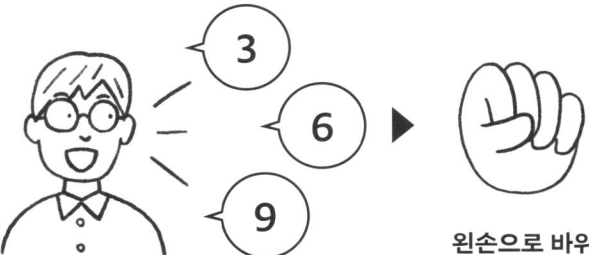

목표 ▶ 10번 연속 정답 맞추기

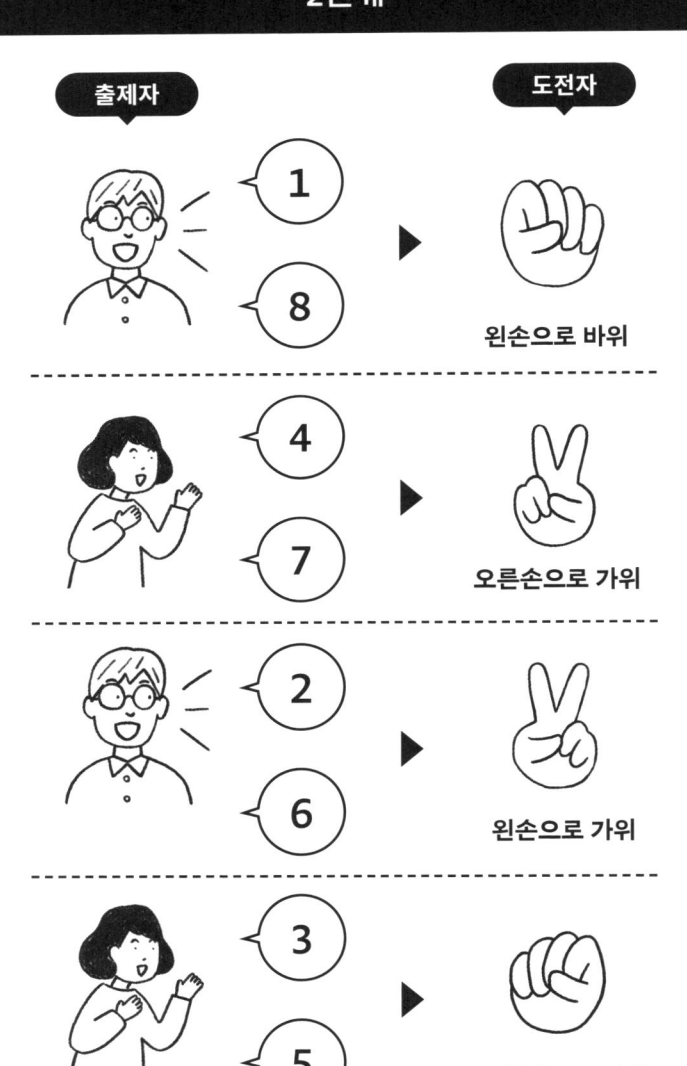

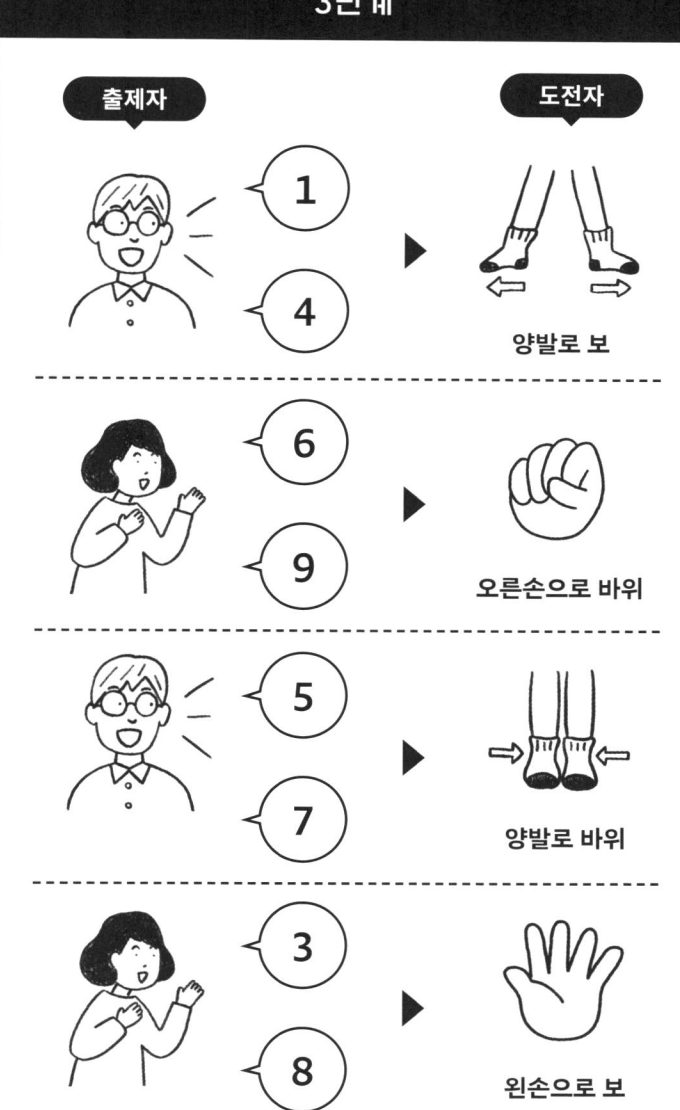

Part 2

공부머리가
탁월해지는
습관

· 1 ·

뇌과학이 증명한
공부머리 특효약:
독서 습관

뇌 구조를 바꾸는 음독의 힘

저는 지금까지 뇌의 움직임을 꾸준히 연구해 왔습니다. 중점을 둔 연구 중 하나는 인간의 어떤 활동이 뇌를 가장 긍정적으로 자극하는지에 관한 것이었습니다. 두뇌 역량을 키우는 방법에 대해 힌트를 이미 드렸지만, 뇌가 가장 활발해지는 활동은 바로 소리 내어 읽기, 즉 음독音讀이었습니다. 지금까지 수백 번이 넘는 실험을 했지만, 음독보다 뇌를 더 자극하는 활동은 없었습니다. 음독을 하면 뇌 혈류가 점점 좋아지고 대뇌 영역의 70퍼센트 이상이 움직이기 시작합니다.

문자를 읽을 때 뇌에서는 무슨 일이 벌어지는 걸까요? 우리가 문장을 묵독하면 눈으로 본 것이 무엇인지 알아보기 위해 우선 후두엽의 시각 영역이 움직입니다. 다음으로 눈의 움직임을 지시하는 전두안구영역 frontal eye field이 문자를 인식하게 됩니다. 그리고 베르니케 영역이 의미를 파악합니다. 그 뒤에는 뇌 전체의 사령탑인 전전두피질이 읽은 문장을 이해하고 기억하면서 사고하는 활동이 이루어집니다. 흥미로운 사실은 이때 소리를 파악하는 청각 영역도 함께 움직인다는 점입니다. 우리가 문장을 묵독하면 마음속으로 소리를 내며 읽는데, 그 소리를 자기 자신이 듣고 있는 것이지요.

묵독하는 것만으로도 뇌의 광범위한 부분이 자극을 받는데, 음독이 효과가 더 좋은 건 당연합니다. 음독할 때 우리의 뇌가 자극받는 범위는 더 넓어집니다. 그리고 이 때 가장 역동적인 반응을 보이는 뇌 부위가 바로 머리의 좋고 나쁨을 결정하는 전전두피질입니다. 음독은 공부를 시작하기 전에 할 수 있는 가장 좋은 뇌 준비운동입니다. 실제로 하루에 10~15분 음독을 하면 기억력이 약 20퍼센트 향상된다는 연구 결과도 있습니다.

어린아이가 글을 배우고 나면 스스로 소리를 내서 그림책을 읽습니다. 이는 전전두피질 자극에 매우 좋은 훈련입니다. 아이가 학령기의 아동이라면 공부하기 전에 교과서를 음독하게 하면 좋습니다. 조금 어려운 문장이 나왔을 때는 의식적으로 소리 내서 읽으면 기억력과 이해력에 도움이 됩니다.

물론 현실적으로 모든 글을 다 음독할 수는 없습니다. 순수하게 독서를 즐길 때는 조용히 속으로 읽는 것도 좋습니다. 이런 평범한 독서 방법도 아이의 뇌에는 매우 좋은 영향을 주기 때문입니다.

독서 습관과 성적 간의 관계

독서 습관이 있는 아이들의 뇌 사진과 제 연구 자료들을 분석하고 종합해 얻은 결론은, 독서가 뇌 구조를 변화시킨다는 사실이었습니다. 뇌 신경세포 사이를 이어주는 신경섬유인 '궁상 얼기arcuate fasciculus(브로카 영역과 베르니케 영역을 연결하는 신경총·옮긴이)'는 언어와 깊은 관련이 있는데, 독서 습관이 있는 아이들은 이 궁상 얼기의 구조가 더 복잡하게 발달해 있었습니다. 독서로 인해 뇌 구조 자체가 변한다는 사실을 깨닫고 저를 포함한 뇌 전문가들도 놀라움을 금치 못했습니다. 이뿐 아니라 독서 습관은 실제로 성적을 올린다는 사실도 드러났습니다.

도표 2-1은 2017년 미야기현 센다이시 초등학교 5학년부터 중학교 3학년까지 약 4만 명의 평일 하루 동안의 독서 시간과 4개 교과(국어, 수학, 과학, 사회) 시험 평균 표준 점수를 정리한 결과입니다.

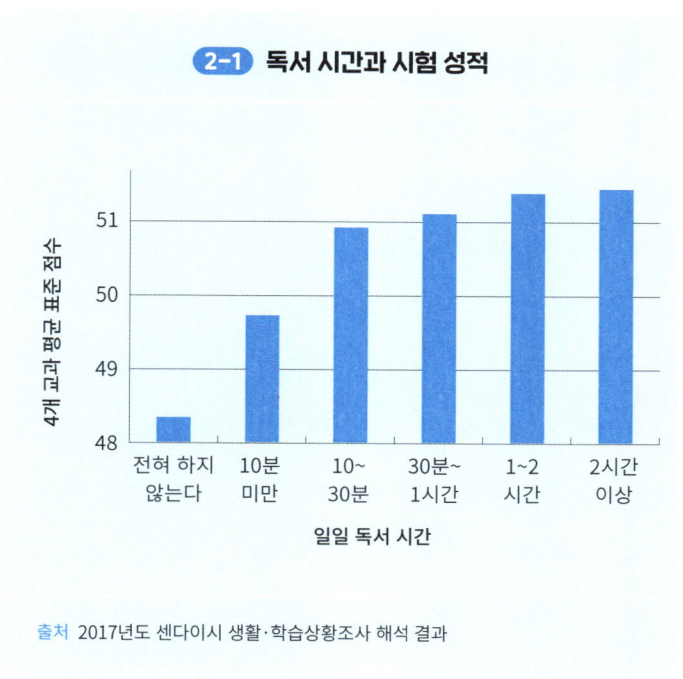

출처 2017년도 센다이시 생활·학습상황조사 해석 결과

독서를 전혀 하지 않는다고 답한 학생들의 점수가 가장 낮았고 독서 시간이 길수록 점수가 높아지는 것을 볼 수 있습니다.

독서 습관이 있는 아이들은 초등학교 중학년 시기부터 의미 단위로 글을 읽기 시작합니다. 문자를 한 글자씩 읽지 않고 의미 단위로 파악해 효율적이고 빠르게 읽는다는 뜻입니다. 이 단계에 접어든 아이들은 글을 읽는 것이 힘들지 않습니다. 그래서 누가 시키지 않아도 스스로 책을 읽고 더 다양한 지식을 쌓는 '이상적인 선순환' 구조를 만들 수 있습니다. 요새 아이들에게 부족해졌다는 문해력이 탄탄해지는 것이지요.

학급에 공부하라고 하지 않아도 스스로 잘하는 아이들, 공부를 잘하는 편이 아니었는데 마음먹고 하기 시작한 후로 성적이 폭발적으로 오르는 아이들이 몇몇 있습니다. 독서 습관을 꾸준히 쌓아 최적의 공부 머리 토대를 갖춘 예입니다. 다른 아이들에 비해 더 쉽고 빠르게 우등생으로 가는 지름길을 터놓았기 때문에 소위 '공부 포텐'이 터지는 것입니다.

아래는 도표 2-1의 학생 4만 명을 독서 습관이 있는 아이들과 없는 아이들로 나눠 비교해본 시험 점수입니다.

공부 시간	독서 시간	평균 표준 점수
2시간 이상	없음	50.4
2시간 이상	10~30분	53.6
30분~2시간	10~30분	51.3

같은 시간을 공부하더라도 독서를 하루에 10~30분 하는 것만으로도 점수가 약 3점 더 올라간 것을 볼 수 있습니다. 반면 전혀 독서를 하지 않는 아이들의 경우, 공부를 긴 시간 하더라도 더 짧은 시간 동안만 공부하고 독서를 하는 아이들보다 성적이 좋지 않았습니다. 놀라운 결과가 아닐 수 없습니다.

매일 30분 정도 독서를 하는 습관은 성적 향상에 매우 중요하다는 결론을 내릴 수 있습니다.

어떤 책을 읽어야 할까

 가정에서 독서 습관을 기르려면 어떻게 해야 할까요? 결론부터 말하면 <u>아이가 조금이라도 흥미를 느낄만한 책을 많이 접하게 해주어야 합니다.</u> 부모는 무의식중에 공부에 도움이 될 만한 도감이나 백과사전, 교과목과 연계된 책을 권하는 경우가 많습니다. 하지만 이런 주제에 아이가 흥미가 없다면 책은 한 번도 펼쳐지지 못한 채 먼지만 쌓여가겠지요. 뜨끔하는 가정이 많지 않나요?

 유소년기 아이들의 뇌 발달을 돕기 위해 중요한 것은

무엇을 읽을지가 아니라 어떤 책이든(물론 아이들이 읽기 적합한 책을) 읽는 습관을 기르는 일입니다. 아이가 영웅 캐릭터가 나오는 TV 시리즈에 빠져있다면 그것과 관련된 책부터 보게 하거나 좋아하는 애니메이션의 원작 도서를 사주는 것도 방법입니다. 아이들은 자기가 좋아하는 분야의 책이라면 모르는 글자가 있어도 열심히 읽으려고 합니다. 그러다 보면 뇌는 읽기 자체에 적응해 독서라는 행위 자체를 좋아하게 되고, 초등학교 중학년 정도에는 자신도 모르게 의미 단위로 끊어서 읽게 되지요.

그럼 만화도 괜찮냐는 질문을 자주 받는데 저는 안 읽는 것보다는 낫다고 대답합니다. 만화를 읽을 때 뇌가 어떻게 활동하는지도 측정한 적이 있는데, 전전두피질 운동이 줄글로 된 책을 읽을 때만큼 활발하지는 않았습니다. 하지만 뇌는 적은 양이라 할지라도 문자를 사랑합니다. 만화의 말풍선 안에 있는 글자를 읽을 때 평소보다 더 역동적인 반응을 보이거든요.

기승전결이 있는 만화에 푹 빠지는 일이 뇌에 꼭 나쁜 것은 아닙니다. 만화를 읽으면서 외국어를 배우는 사람도 있습니다. 공부하는 데 방해된다며 아이에게서 만화를 무조건 뺏을 필요는 없습니다. 문자를 읽는 훈련의 일환이라고 생각하면 됩니다.

영유아기 책 읽기가 지능에 미치는 영향

영유아기에 독서 습관은 어떻게 들일 수 있을까요? 영유아는 아직 스스로 책을 읽을 수는 없으므로 부모가 아이에게 책을 읽어주는 일이 아이의 독서 습관이 됩니다.

어떤 사람들은 어린아이는 기억도 못 하는데 뇌 발달에 무슨 영향이 있겠냐는 의구심을 갖기도 합니다. 하지만 이는 큰 오해입니다. 영유아기에 부모가 책을 읽어주는 것은 아이의 정서 발달에 큰 영향을 준다는 사실이 밝혀졌습니다.

학령기 아이의 독서 습관은 전전두피질을 활성화해 사고력과 언어 능력 발달에 좋다고 앞서 말씀드렸습니다. 그런데 영유아기에 책을 읽어줄 때 아이의 뇌에서 벌어지는 일은 이와는 사뭇 다릅니다. 먼저 귀를 통해 소리를 듣기 위해 측두엽이 반응하고, '마음의 뇌'로 불리는 변연계가 작용합니다(대뇌변연계는 감정이 생길 때 움직이기 때문에 마음의 뇌라고 불립니다).

<u>부모가 책을 많이 읽어주면 아이는 문맥 속에서 자연스럽게 언어를 학습하고, 정서나 감정 표현이 풍부한 아이로 자라게 됩니다.</u> 그뿐 아니라 책을 읽는 기쁨을 알게 되고 배우는 즐거움도 습득하게 됩니다. '책 읽기는 기분 좋고 행복한 시간'이라고 인식한 영유아는 공부가 즐거운 활동이라는 감정 연결 고리를 형성하게 됩니다. 공부가 어렵고, 지겹고, 짜증나는 게 아니라 재밌고 성취감을 느낄 수 있는 도전 과제처럼 느낄 수 있는 것이지요. 이렇게 긍정적인 공부 정서를 갖게 된 아이들은 향후 학령기가 되어서도 누가 시키지 않아도 자기주도적으로 공부하게 됩니다.

아이가 혼자 글을 읽을 수 있게 되면 책을 읽어줄 때

도 부모가 전부 읽지 말고 번갈아 가며 읽으면 좋습니다. 아이가 읽을 때 부모가 해야 할 일은 이야기를 잘 들어주는 것입니다. 이렇게 소리 내어 책 읽는 습관을 들이면 아이의 뇌에 좋은 자극이 되어 학업능력이 뛰어나고 정서지능도 높은 똑똑한 아이로 자랄 수 있습니다.

창의력의 원천이 되는 독서

독서의 효용에 대해서 조금 더 설명하겠습니다. 그 전에 먼저 교육 선진국들의 입시 제도를 살펴볼 필요가 있습니다. 양질의 교육으로 이름난 유럽 국가들은 대체로 입시의 형태가 논술·서술형 평가입니다. 일본 역시 국립, 사립을 막론하고 통합형 선발 전형인 AO^{Admission Officer} 전형을 도입하는 대학교가 늘었고 앞으로도 더 많아질 것으로 예상됩니다. AO 전형이란 필기시험 결과에만 의존하지 않고 학생 개개인의 의욕과 능력, 적성 등을 종합적으로 파악하기 위한 제도입니다(한국에서도 프로젝트와 토론 등을 중심으로 문제 해결 능력과 비판적, 창의적 사고력을 기르는 데 중점을 둔 국제 인증 교육 프로그램인 국제 바칼로레아International Baccalaureate, IB를 도입하는 학교가 늘어나고 있다·옮긴이).

입시 제도가 변화하고 있는 이유는 시대가 필요로 하는 역량이 변화했기 때문입니다. 특히 세상을 자신만의 비판적인 관점으로 바라보고 새로운 아이디어를 내며, 실행하는 창의력이 중요해졌습니다.

주어진 오지선다 답안에서 맞는 답을 잘 찾아내는 것

만으로는 부족합니다. 독특한 발상으로 새로운 가치를 만들어내는 힘을 어떻게 키울 것인가가 미래 교육의 가장 큰 과제입니다.

그렇다면 창의력은 어떻게 키울 수 있을까요? 뇌과학적인 관점에서 가장 효과적인 방법은 바로 독서입니다. 독서를 많이 할수록 창의력도 향상되지요. 독서를 할 때 활성화하는 뇌 부위와 창의력을 발휘할 때 활성화하는 뇌 부위를 살펴보면 이 사실을 알 수 있습니다.

우리가 책을 펼쳐서 글자를 볼 때 뇌에서 어떤 일이 일어나는지 앞에서 살펴봤습니다. 먼저 후두엽의 시각 영역이 반응하고, 전두안구영역과 베르니케 영역이 운동하며 문장의 의미를 파악합니다. 그리고 전전두피질이 움직여 문제를 기억하고 이를 바탕으로 사고를 시작하는데, 이때 전전두피질 내에서도 어휘를 저장하거나 말을 다루는 영역이 특히 더 강하게 반응합니다. 창의력을 발휘할 때 가장 활발히 움직이는 영역 중 하나가 바로 어휘, 언어를 관장하는 영역입니다. 어휘력이나 언어 능력이 창의력의 원천이 된다는 의미입니다.

한 기업이 사원들의 창의력을 계발하는 프로젝트를

제게 의뢰한 적이 있습니다. 우리 연구팀은 직원들에게 한 달에 두 권의 과제 도서를 읽게 하고 창의력을 측정하는 심리학 테스트를 실시했습니다. 테스트는 '타이어'를 키워드로 제시한 뒤 자동차를 이동시키는 용도 이외에 활용할 수 있는 방법을 묻는 것이었습니다. 결과적으로 과제 도서를 읽은 직원의 점수는 읽기 전보다 유의미하게 상승했습니다. 이에 반해 책을 읽지 않은 직원의 점수는 이전과 큰 차이가 없었습니다. 중요한 사실은 독서를 하면서 창의력 점수가 향상된 직원은 그 이후에도 자발적으로 과제 도서 이외의 책을 읽었고, 후속 창의력 테스트를 해본 결과 점수가 더 높아졌다는 것입니다. 특정 능력을 관장하는 뇌 부위를 단련하면 그 부위가 관장하는 다른 능력들도 함께 좋아져 시너지를 내는 전이효과의 예시라고도 볼 수 있습니다.

독서는 아이디어 생산 능력을 키우는 가장 좋은 방법임을 강조하고 싶습니다. 가정에서 부모님이 아이들과 함께 책 읽는 습관을 들여야 하는 이유입니다. 세상에 유용한 무언가를 만들어내는 창의적 발상 능력은 독서로부터 시작됩니다.

핵심 포인트

* 독서는 뇌를 전방위적으로 자극하는 활동이다. 실제로 초중학교 아이들을 대상으로 한 연구 결과, 독서 습관이 있는 아이들은 독서 습관이 없는 아이들에 비해 성적이 높았다. 심지어 책을 읽지 않고 긴 시간 공부하는 아이들보다 적은 시간 동안 공부했더라도 책 읽는 습관이 있는 아이들의 학업 능력이 더 뛰어났다. 책 읽기의 즐거움을 아는 아이들은 문해력에서 앞설 뿐 아니라 자기주도적으로 공부한다.

* 전전두피질이 가장 크게 반응하는 활동은 소리 내어 읽기다. 글을 배우고 있는 아이, 학령기의 아이 모두 소리 내어 읽기 습관을 들이면 뇌의 전이효과가 일

어나 공부 뇌 역량이 전반적으로 상승한다. 특히 아이가 이해하기 어려워하는 문장은 소리 내어 읽게 하는 것이 도움이 된다.

✳︎ 영유아기 때부터 독서를 많이 한 아이는 정서지능이 발달한다. 책 읽기에 대한 좋은 감정이 있는 아이는 향후 공부를 할 때도 동기 부여가 어렵지 않다. 학령기에 접어들었는데도 독서 습관이 들지 않았다면 아이가 흥미 있어 하는 주제의 책부터 시작해야 한다. 만화는 줄글보다 못하지만, 독서에 재미를 붙이는 과정으로 생각하면 된다.

✳︎ 최근 세계 주요 대학들이 인재를 뽑는 방식이 논술·서술형으로 변화하고 있다. 주어진 텍스트에서 정답을 찾아내는 방식보다는, 자기만의 비판적인 관점으로 해석하고 새로운 아이디어를 내며 실행하는 창의력이 중요한 시대가 되었기 때문이다. 뇌과학적 관점에서 창의력을 키우는 가장 효과적인 방법은 바로

독서이다. 창의적인 생각을 할 때 활발해지는 뇌 영역이 바로 어휘, 언어를 관장하는 영역이다. 어휘력이나 언어 능력은 곧 창의력의 원천이 된다.

· 2 ·

아이의 뇌를 춤추게 한다: 부모의 말 습관

부모와 눈 맞추고 대화하는 아이는 정서지능이 높다

여러분의 어린 시절을 떠올려보세요. 자신이 마치 인형이 된 것처럼 인형을 움직이면서 말하거나 TV에 나오는 영웅이 된 기분으로 보이지 않는 적과 싸우는 역할극을 하며 놀지 않았었나요? 이러한 인형놀이나 병정놀이 같은 역할극은 단순한 아이들의 장난이 아닙니다. 이런 가상의 놀이가 공감 능력 발달에 중요한 역할을 하기 때문이죠.

영국의 카디프 대학교가 실시한 연구에서는 뇌파 활

동을 측정하는 헤드셋을 쓴 4~8세 어린이 33명에게 인형 또는 태블릿 PC 중 하나를 주고 놀게 한 후 그 모습을 관찰했습니다. 실험 결과 인형놀이를 하는 아이의 뇌 안에서는 정서나 사회적 능력과 관련된 뇌 영역인 '뒤쪽 상측두구posterior STS: superior temporal sulcus'가 활성화한다는 사실이 확인되었습니다. 이러한 반응은 혼자 놀거나 태블릿 PC를 갖고 놀 때는 볼 수 없었습니다. 아이들이 역할 놀이를 하면서 다른 사람이 되어보는 경험을 하며 타인의 감정과 생각을 헤아릴 수 있도록 뇌의 공감 영역을 훈련하는 것입니다.

EQEmotional Intelligence Quotient라고 하는 마음의 지능 지수가 얼마나 중요한지는 익히 들어보셨으리라 생각합니다. 이는 미국의 예일 대학교의 총장이자 심리학자인 피터 샐러베이Peter Salovey가 주창한 것으로 지성을 측정하기 위한 새로운 지표입니다. 자신과 타인의 감정을 정확히 인지하고 표현하며 조정할 줄 아는 능력입니다. 이 연구를 시작한 계기는 사회적으로 성공한 사람은 대인관계 능력이 뛰어난 경우가 많다는 점에 착안했다고 합니다.

- 타인의 감정을 인지하고 적절하게 배려할 수 있다.
- 상대의 감정을 배려하며 행동을 유도할 수 있다.
- 자신의 감정을 파악하고 조절할 수 있다.
- 상대나 자신의 감정을 말로 표현할 수 있다.

정서지능의 원천은 공감 능력입니다. 공감과 관련된 뇌 영역이 강하게 반응하는 현상은 동물 중에서도 인간의 진화 과정에서 유달리 발달한 특징입니다.

얼굴을 보고 눈을 맞추며 말하는 습관도 EQ 향상에 긍정적인 영향을 준다고 알려져 있습니다. 인간과 침팬지는 사회적 동물로 어떤 대상을 만났을 때 우선 얼굴을 보고 개체를 식별합니다. 그 후에도 상대의 얼굴을 빈번하게 관찰하면서 정신이나 건강 상태, 자신을 적대시하는지 아닌지와 같은 정보를 수집합니다.

이때 움직이는 것이 뇌 안의 안면신경facial nerve이라고 불리는 신경 회로입니다. 이 안면신경을 사용해 상대 얼굴에서 얻을 수 있는 정보를 엄청난 속도로 처리해 최적의 반응을 끌어냅니다. 상대 얼굴을 잘 보지 않는 사람은 필요한 정보를 충분히 얻지 못하기 때문에 사회적으로 적절한 반응을 하기 어렵겠지요.

악의는 없지만 상대에게 불쾌감을 주거나 어색하게 대하는 경우가 많다면 평소에 상대방의 얼굴을 잘 보지 않기 때문일 수도 있습니다. 특히 안면신경은 상대의 눈을 통해 정보를 수집하려고 하는 특성이 있어서 눈을 맞추지 않는다는 것은 곧 '상대가 내 감정을 파악할 수 없다'라는 의미가 될 수 있습니다.

아이가 대화할 때는 얼굴을 마주 보고 눈과 눈을 제대로 맞추는 것이 중요합니다. 눈맞춤을 습관화할수록 아이의 정서지능에 도움이 된다는 사실을 기억하세요. 타인의 기분을 잘 파악하고 정서적으로 공감하는 아이들은 좋은 교우관계를 유지할 뿐 아니라 사회에 나가서 뛰어난 리더가 될 자질을 갖추게 됩니다.

자기주도적 학습을 이끄는 대화법

시험이 코앞인데 아이가 공부를 전혀 하지 않는다면 어떻게 해야 할까요?

"시험 못 보면 이번 달 용돈 안 줄 거야."
"시험 점수 80점 이상 맞으면 갖고 싶어 하던 게임기 사 줄게."

이런 식으로 말하는 부모가 많습니다. 아이가 잘되길

바라는 마음으로 동기 부여를 하기 위함이지만 이런 방법은 부작용이 많습니다. 교육심리학에서 '학습 동기'는 학습을 주도하는 핵심적인 힘입니다. 어떤 목표를 달성하기 위해 갖는 학습자의 강한 의지이자 행동의 원동력이라고 할 수 있습니다. 동기에는 내재적 동기intrinsic motivation와 외재적 동기extrinsic motivation가 있는데, 내재적 동기는 활동 자체에서 오는 즐거움, 흥미, 만족감으로부터 생겨납니다. 반면 외재적 동기는 외부로부터 오는 보상이나 처벌과 같은 결과로부터 유발됩니다.

아이가 좋아하는 물건을 뺏거나 용돈을 주는 방식은 모두 외재적 동기를 자극합니다. 이런 방식이 전혀 효과가 없다고 할 수는 없겠지만, 보상이나 처벌이 사라지면 스스로 공부할 동기를 찾기 어렵습니다. 지속 효과가 짧다는 말이지요. 아이가 무엇인가를 배우면서 흥미와 재미를 느낄 수 있도록 내재적 동기를 자극해야 지속성이 유지됩니다. '입시는 마라톤'이라는 얘기를 많이 하지요. 자기 스스로 목적의식을 갖고 공부할 줄 아는 아이가 되어야 이 길고 긴 마라톤을 성공적으로 완주할 수 있습니다. 우리 연구팀이 실시한 한 조사에서도 목표를 스스로 세우고 자주적으로 공부하는 아이들의 학습 능력이 그렇지 않은 경우보다 훨씬 좋은 것으로 나타났습니다.

그렇다면 아이가 목적의식을 갖게 할 방법은 무엇일까요? 센다이시의 초등학교 5학년부터 중학교 3학년 학생 약 4만 3000명을 대상으로 한 조사를 분석한 결과, 다음과 같은 요인들이 아이들의 목적의식에 긍정적인 영향을 준다는 사실을 확인할 수 있었습니다.

○

아이가 가족에게 마음을 털어놓을 수 있는 환경을 만든다

가족들이 내 이야기를 잘 들어준다는 항목에 대해 성적 상위 25퍼센트에 속하는 그룹의 약 학생 60퍼센트 이상이 '그렇다'라고 답했습니다. 이에 반해 성적이 하위 25퍼센트에 해당하는 그룹에서는 '그렇다'라고 답한 학생이 약 50퍼센트로 두 그룹 사이에서는 약 10퍼센트의 차이가 있었습니다. 10퍼센트면 큰 차이가 없다고 생각할 수 있지만, 통계적으로는 유의미한 차이입니다. 가족과의 소통이 원활할수록 학습 능력이 높다는 점은 명백한 사실입니다.

우리 연구팀은 또 무엇을 위해 공부를 하는지와 관련해 '자신의 미래를 위해(목적의식)' 또는 '알고 싶은 것이 있어서(탐구심)'라는 내용을 제시한 후 자기 평가를 하는 설문 조사도 시행했습니다. 심리학, 인지 과학, 뇌과학 연구자에게 조사 데이터 분석을 의뢰한 결과, 가족과의 대화가 많은 아이일수록 목적의식과 탐구심이 높다는 결과가 나왔습니다.

부모와 아이가 함께 보내는 시간을 늘린다

아이가 부모와 나누는 대화 시간은 아이의 뇌에 엄청난 영향을 줍니다. 우리 연구팀은 5세부터 18세까지 230명을 대상으로 부모와 지내는 시간과 지능 간 상관관계를 분석해 이러한 사실을 밝혀냈습니다. 부모와 함께 보내는 시간이 길수록 아이의 뇌 부위 중 언어, 언어 외의 커뮤니케이션을 관장하는 영역의 부피가 크게 발달해 있었습니다. 이 변화가 지능에 어떤 영향을 주는지 두 번의 조사를 시행해 관찰한 결과, 부모와 함께 보내는 시간이 긴 아이일수록 언어 능력이 우수했고 수년 후에는 언어 능력의 상승 폭이 더 커져 있었습니다. 아이의 언어지능을 비약적으로 키우는 기폭제는 그 어떤 사교육도 아닌, 부모와 아이 사이의 많은 대화였습니다.

그 자리에서 바로 칭찬한다

아이의 전전두피질 활동은 칭찬받을 때 매우 활발해집니다. 불안이나 보상이 아니라 부모가 건네는 칭찬의 말이 아이의 의욕에 불을 지피는 것이지요. 다만 칭찬하는 데도 방법이 있습니다.

첫 번째는 그 자리에서 바로 칭찬하는 것입니다. 아이가 숙제 프린트물을 손에 들고 "이것 봐요, 이 문제는 어려웠는데 바로 풀었어요. 채점해 주세요!"라고 했다고 합시다. 그때 마침 청소기를 돌리고 있거나 요리를 하고 있으면 아이를 기다리게 하고 하던 일을 마치고 가

는 경우가 많은데 그러면 안 됩니다. 가사를 끝내고 칭찬한다면 아이의 의욕은 이미 꺾인 후입니다. 아이가 신나서 프린트물을 가지고 왔을 때 바로 손을 멈추고 정답인 문제에 크게 동그라미를 쳐 주면서 칭찬해줍시다(이때 눈을 바라보고 말하는 것도 잊지 마세요). 아이의 전전두피질을 효과적으로 자극하려면 '즉시성'이 매우 중요합니다. '그 자리에서, 바로' 칭찬해야 합니다.

　두 번째는 결과가 아니라 과정을 칭찬하는 게 좋습니다. 앞서 학습 능력을 높이려면 외부에서 '주어지는' 외재적 동기보다는 '스스로 찾는' 내재적 동기가 중요하다고 말씀드렸습니다. 내재적 동기는 아이가 무언가 열심히 준비하는 과정 자체에서 찾을 수 있습니다. 목표를 이루고 싶은 마음, 궁금한 것을 찾아보는 호기심, 몰랐던 것을 알게 됐을 때의 뿌듯함과 같은 긍정적인 감정은 모두 내재적 동기로, 아이가 스스로 공부를 이어나갈 수 있는 동력이 됩니다.

이에 반해 '혼나기 싫어서' '잘하면 선물을 받을 수 있으니까' '다른 사람들이 잘한다고 하니까'와 같은 것은 외재적 동기입니다. 시험 점수와 같은 결과만을 칭찬하는 것은 외재적 동기만 자극하게 됩니다. 거듭 강조하지만 이런 동기 부여 방식을 지속하는 건 바람직하지 않습니다. 아이가 '어떤 수단과 방법이든 성적만 잘 나오면 된다'라는 바람직하지 않은 가치관을 갖게 되거나 시험 결과에 따라 물질적 대가를 요구하게 되는 등 부작용을 낳을 수 있기 때문입니다.

아이의 내재적 동기를 강화하고 싶다면 "매일매일 꾸준히 하다니 기특하다" "잘 모르는 문제도 여러 번 다시 풀어봤었지. 정말 대단하네"라며 아이가 이러한 결과를 이루기까지 노력했던 과정을 구체적으로 칭찬하는 것이 중요합니다.

절대 금지:
뺨을 때리는 것과 같은
모욕적인 말

뇌를 춤추게 하는 칭찬과는 반대로, 부모가 아이에게 부정적인 말을 한다면 아이의 뇌에서 어떤 일이 일어날까요? "멍청하다" "머리가 나쁘다" "넌 안 되겠다" 등의 모욕적인 말을 들으면, 아이의 뇌는 뺨을 한 대 세게 맞을 때와 비슷한 정도의 충격을 받게 됩니다.

　네덜란드의 위트레흐트대학교는 약 80명의 피험자 머리에 뇌파측정기와 전극을 부착하고 각각 모욕적인 말과 칭찬의 의미를 담은 문장을 읽는 실험을 했습니다.

그 결과 피험자들의 뇌는 모욕적인 말에 대해 더 빠르고 예민하게 반응했습니다. 그리고 이것이 여러 번 반복되자 뺨을 세게 한 대 맞았을 때와 같은 충격이 뇌에 전달되어 오랫동안 지속된다는 사실도 확인하였습니다.

'가스라이팅gaslighting'이라는 단어를 들어본 적 있으실 겁니다. 상대방을 심리적으로 조종해 자주성을 무너뜨리는 언행을 뜻하는 신조어입니다. 가정이나 교육 현장에서도 가스라이팅이 문제가 되고 있습니다. 아이를 지나치게 통제하고 지배하려고 하는 부모는 아이를 교육하고 보호하는 것을 넘어 가스라이팅의 가해자가 될 수도 있습니다. 아이를 부모와 다른 독립적인 인격체로 여기지 않는 데서 나오는 행동으로, 그 과정에서 말을 거침없이 내뱉는 일도 있습니다. 부모가 아이에게 일상적으로 모욕적인 언사를 한다면 이것이 바로 언어폭력인 것입니다.

어릴 때 부모에게 들은 부정적인 말은 아이에게 평생 잊지 못할 상처가 되기도 합니다. 이러한 폭력은 아이 마음속에 각인되어 자기긍정감, 자기효능감을 떨어뜨리고 정신적 성장에 해를 가합니다. 물리적 폭력만 폭력이 아닙니다. 아이의 자존감을 무너뜨리는 부정적 표현은 뺨을 때리는 것과 같은 충격임을 기억하고 절대 하지 않도록 주의해야겠습니다.

상위권 학생들은 부모와 자신의 꿈에 관한 대화를 나눈다

"네 꿈은 뭐니?"라고 물어봤을 때 똑부러지게 대답하는 아이는 생각보다 많지 않습니다. 평소에 꿈에 대해 잘 생각해보지 않았다면 연예인이나 유튜버처럼 자주 접하면서 동경하는 대상을 말하거나 대통령, CEO처럼 막연히 좋아 보이는 직업을 말하기도 합니다. 그런데 제 연구 결과를 보면 어린 시절부터 나중에 크면 꼭 하고 싶은 일이 있는 아이들, 언젠가 이루고 싶은 일이 있는 아이들이 학업 능력이 더 좋은 것으로 나타났습니다.

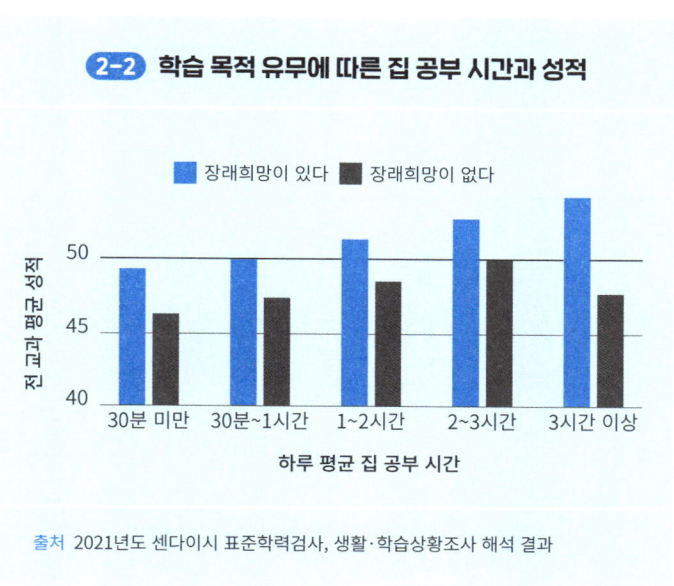

도표 2-2는 도호쿠대학교 연구팀이 센다이시 중학생 32만 2000명을 대상으로 설문 조사한 내용을 분석한 결과입니다. 공부하는 목적, 즉 '꿈이 있다'라고 답한 아이는 그렇지 않다고 답한 아이보다 성적이 좋았습니다. 목표가 확실한 아이일수록 내적 동기부여가 잘 이루어져 더 열심히 노력하기 때문으로 보입니다.

나중에 크면 의사가 되어 아픈 사람들을 치료하고 싶

다는 꿈이 있는 아이는 수학과 과학 과목을 열심히 공부해야겠다고 생각합니다. 다양한 국적의 사람들과 일하고 싶다는 꿈이 있는 아이라면 영어 및 외국어 공부를 열심히 하겠지요.

장래 희망은 곧 목표 의식이라 할 수 있습니다. 목표 의식이 뚜렷할수록 학습 능력 향상에 도움이 되는 건 자명한데, 안타깝게도 학년이 올라갈수록 자신만의 꿈을

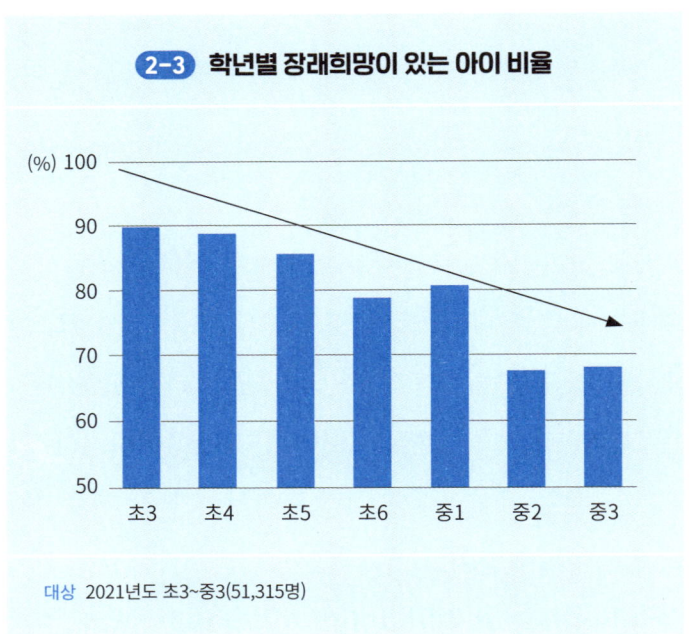

목표로 공부하는 학생이 줄어듭니다. 도표 2-3은 2021년에 초등학교 3학년부터 중학교 3학년 학생 약 5만여 명을 대상으로 한 설문 결과입니다. 초등학교 3학년때는 약 90퍼센트가 장래 희망이 있었지만 고학년이 될수록 점점 그 비율이 낮아져 중학교 3학년은 70퍼센트를 밑돌았습니다.

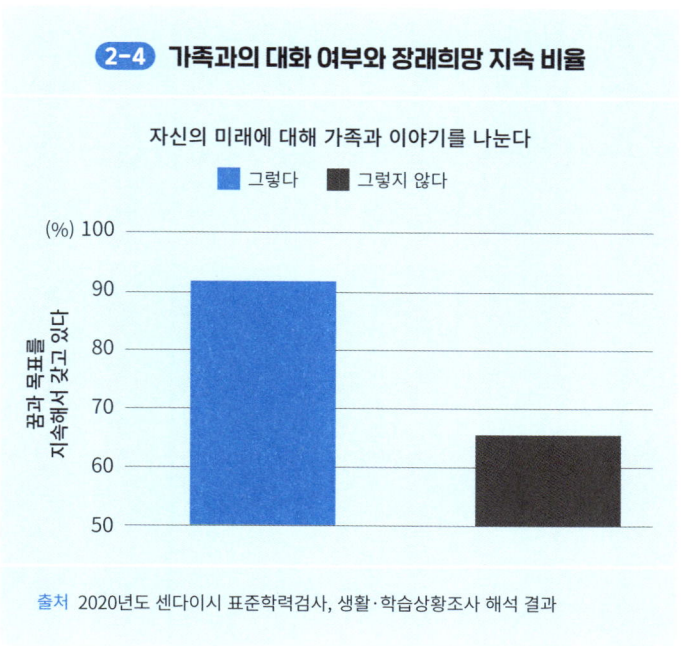

아이들이 꿈을 계속 유지할 방법이 있을까요? 그 답은 조사를 통해 발견할 수 있었습니다. 초등학교 5학년에서 중학교 2학년 아이들 약 3만 명을 3년 동안 추적 조사한 결과, 가정에서 부모와 미래에 관한 이야기를 나눈다고 답한 아이들의 90퍼센트가 목표를 지속해서 유지한다는 사실을 확인했습니다(도표 2-4). 반대로 가정에서 꿈에 관해 이야기하지 않는다고 답한 아이들은 목표를 유지하는 비율이 70퍼센트 미만이었습니다.

가정에서 아이의 밝은 미래를 그리는 이야기를 일상적으로 나누었으면 합니다. 꿈에 다가가기 위해 무엇이 필요한지, 어떤 공부를 하면 좋을지 함께 알아보는 것도 좋습니다. 꿈을 향해 가는 아이는 날마다 설렙니다. 부모와 손을 잡고 함께 간다면 의욕이 더 샘솟겠지요.

핵심 포인트

* 정서지능(EQ)은 지성을 측정하기 위한 중요한 지수이다. 자신과 타인의 감정을 정확히 인지하고 표현하며 조정할 줄 아는 아이는 교우관계가 좋을 뿐 아니라 장차 뛰어난 리더가 될 자질을 갖추게 된다. 역할 놀이는 아이들의 공감 능력을 높이는 데 도움이 되며, 부모와 눈을 맞추며 대화하는 습관도 정서지능 발달에 중요한 요소이다.

* 시켜서 하는 공부가 아니라 스스로 공부하는 아이가 되기 위해서는 내재적 동기가 중요하다. 내재적 동기는 활동 자체에서 오는 흥미, 재미, 만족감으로부터 생겨나는 것으로 보상이나 벌처럼 외부로부터 자극되

는 외재적 동기와는 구분된다. 내재적 동기를 자극하기 위해서는 가족과의 대화가 특히 중요하다. 가족과의 대화는 아이의 언어 지능을 비약적으로 키우는 기폭제라고 할 수 있다. 또 아이의 전전두피질은 칭찬받을 때 활발해지는데, 칭찬은 그 자리에서 즉시 하고, 결과보다는 과정을 칭찬하는 게 좋다.

---

* 아무리 속이 상해도 아이에게 "멍청하다" "머리가 나쁘다" 같은 모욕적인 말은 절대 해서는 안 된다. 모욕적인 말을 여러 번 들은 뇌는 뺨을 한 대 세게 맞는 것 같은 반응을 보인다. 아이는 부모와 독립적인 인격체임을 명심하고, 훈육 과정일지라도 말을 거침없이 내뱉지 않도록 주의해야 한다.

---

* 부모와 장래 희망에 관해 이야기하는 아이들은 누가 시키지 않아도 스스로 공부한다. 장래 희망은 곧 목표 의식이다. 꾸준히 자기의 꿈을 향해 나아가는 아이는 왜 공부해야 하는지에 대한 회의감을 갖지 않

는다. 아이가 지속적인 목표 의식을 갖게 하는 방법 역시 부모와의 대화이다. 아이가 미래를 꿈꿀 수 있는 이야기를 일상적으로 나누는 게 좋다.

· 3 ·

아이의 뇌를 지켜라:
미디어 습관

과한 미디어 노출이 언어지능에 미치는 영향

아이의 언어 능력의 원천은 부모와의 대화인데, 이를 방해하는 가장 큰 요인이 바로 미디어입니다. 아이가 심심해할까 봐, 혹은 부모가 다른 일을 하려고 무심코 TV를 틀어줄 때가 있을 겁니다. 이때 부모가 시청 시간을 정해주지 않으면 아직은 스스로 제어할 능력이 없는 아이들은 온종일 TV를 볼 수도 있겠지요.

　TV를 오랫동안 보는 아이들의 뇌에서는 과연 어떤 일이 일어날까요?

우리 연구팀은 5세부터 16세까지 아이들 200여 명의 하루 평균 TV 시청 시간과 각종 생활 습관에 관한 설문조사와 함께 언어 능력 등을 포함한 지능 검사 데이터를 분석했습니다.

결과는 명백했습니다. TV 시청 시간이 길수록 언어 능력이 떨어졌고, 뇌의 전두엽이나 두정엽 등의 넓은 범위에서 발달이 저하된다는 사실이 확인되었습니다. 그중에서도 특히 언어와 관련된 활동을 할 때 활성화하는 전전두피질의 영역이 잘 발달하지 않는다는 것을 알 수 있었습니다.

TV를 시청하는 시간에 뇌는 일을 멈추고 휴식 상태, 즉 아무 일도 하지 않는 상태로 들어갑니다. 아이가 입을 벌리고 멍하게 TV 화면을 보는 모습이 떠오르지 않나요? TV 시청 시간이 길어질수록 뇌 발달에 도움이 되는 다양한 활동을 경험할 시간은 부족해집니다. 교육용 프로그램이라고 해도 지나치게 긴 시간 동안 TV를 보지 않도록 신경 써주세요. 아이의 뇌가 건강하게 발달하려면 TV 같은 일방적인 소통이 아닌 부모와의 대화나 독서, 운동을 해야 합니다.

최근에는 아이들이 TV와 멀어지고 있다고 합니다. 2000년대 초반에 진행한 일본 총무성 조사에 따르면 10대의 평균 TV 시청 시간은 평일 46분, 휴일 1시간 10분이었습니다. 아이가 TV를 거의 보지 않으면 괜찮은 걸까요? 짐작하시겠지만 요즘의 문제는 TV가 아닙니다. TV를 대체할 만한 동영상 콘텐츠가 넘쳐나는 시대이기 때문이지요. 최근에는 유튜브나 틱톡 같은 동영상 서비스가 TV 이상으로 아이의 시간을 빼앗고 있습니다. 동영상 콘텐츠든 TV든 아이 뇌에 미치는 영향은 거의 비슷합니다. 어떤 의미에서는 TV보다 인터넷, 동영상 콘텐츠가 아이의 뇌에 부정적인 영향을 줄 위험성도 있습니다.

스마트폰은
하루에 1시간 이내로
사용한다

아이가 스마트폰을 너무 많이 사용하는 게 아닌지, 온종일 동영상만 본다고 걱정하는 부모가 많습니다. 결론부터 말씀드리면 걱정해야 하는 일이 맞습니다. 인터넷을 지원하는 기기, 특히 스마트폰을 장시간 사용하는 아이는 인지 기능이 저하되고 학업 능력도 떨어지기 때문입니다.

저는 초등학생부터 고등학생까지 스마트폰 사용이 뇌 발달에 미치는 영향에 대해 폭넓은 조사와 연구를 진행

했습니다. 그리고 스마트폰이 아이들의 뇌에 얼마나 심각한 영향을 주는지 적나라한 결과와 마주하게 되었습니다. 가장 우려스러운 일은 <u>스마트폰을 장시간 사용하게 되면 공부한 내용이 머릿속에 남지 않고 증발해버린다는 사실</u>이었습니다.

　우리 연구팀이 스마트폰 관련 조사를 본격적으로 시작한 것은 2013년이었습니다. 센다이시 중학생들을 대상으로 평균적인 집 공부 시간과 스마트폰 사용 시간,

국어와 수학 시험의 정답률을 조사 및 분석했습니다. 다른 조건이 모두 같을 때, 스마트폰을 장시간 사용한 아이일수록 정답률이 낮았습니다.

집 공부 시간이 30분 미만, 그러니까 집에서 학습을 거의 하지 않는 아이들의 수학 정답률을 스마트폰 이용 시간별로 봤을 때 다음과 같았습니다.

스마트폰 사용 시간	정답률
스마트폰이 없거나 1시간 미만 사용	63%
4시간 이상 사용	47%

100점 만점인 시험이라고 하면 스마트폰을 사용하는 아이는 사용하지 않는 아이보다 평균 점수가 15점 낮은 셈입니다. 여기까지는 어느 정도 예상이 가능합니다. 주목해야 할 결과는 다음입니다. 집에서 2시간 동안 공부를 한다 해도 스마트폰을 장시간 사용하면 전혀 공부하지 않는 아이보다 성적이 안 좋다는 사실입니다. 이런 결과는 정말 예상치 못했기에 저도 놀랐던 기억이 납니다.

도표 2-5는 2018년, 우리 연구팀이 스마트폰 사용 시간, 집 공부 시간, 수면 시간과 시험 성적 간의 상관관계를 알아본 결과입니다(수면 시간의 중요성에 대해서는 Part 3에서 자세히 다룹니다). 그 결과는 2013년과 같았습니다. 장시간 스마트폰 사용이 학업 능력에 악영향을 끼친다는 사실은 다시 분명하게 드러났습니다. 같은 시간 공부하고 잠을 자도 스마트폰을 더 오래 사용하면 성적이 좋지 않았습니다.

그래프의 막대 높이는 국어, 수학, 과학, 사회 4과목의 평균 표준 점수를 나타낸 것입니다. 가로축은 평일에 집에서 공부하는 시간, 세로축은 수면 시간을 나타낸 3차원의 막대그래프입니다.

짙은 회색이 평균 이상(표준 점수 50 이상), 하늘색이 평균 미만(표준 점수 50 미만)을 나타내는데 '스마트폰 1시간 이상 사용'과 '스마트폰 사용 1시간 미만 사용'을 비교하면 한 눈에 알 수 있습니다. 1시간 미만으로 사용하는 학생들의 성적이 압도적으로 좋다는 사실을 확인할 수 있습니다.

예를 들어 '수면 시간이 7~8시간이라는 같은 조건으

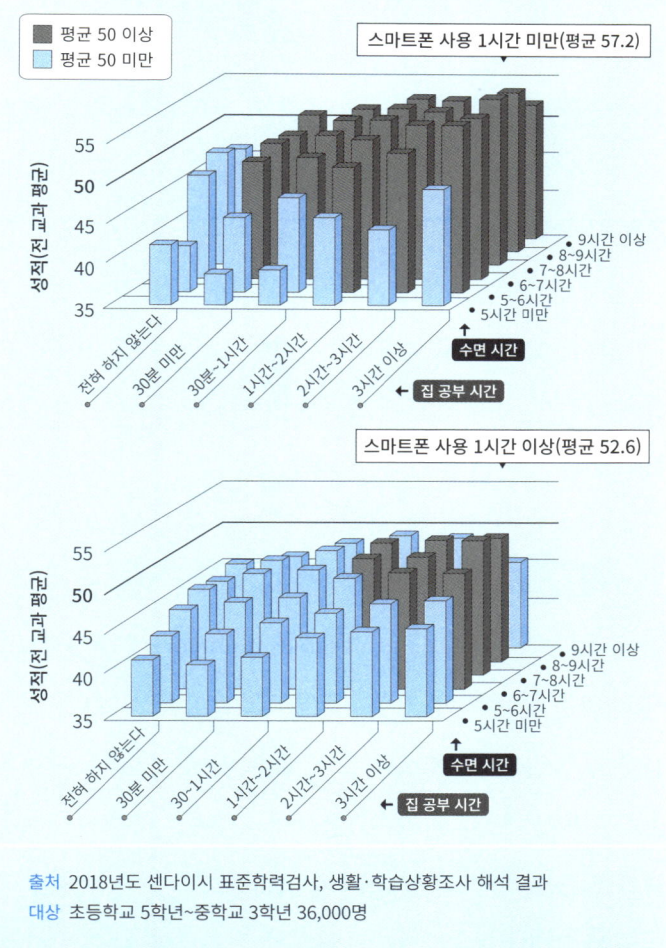

출처 2018년도 센다이시 표준학력검사, 생활·학습상황조사 해석 결과
대상 초등학교 5학년~중학교 3학년 36,000명

로 살펴봅시다. 스마트폰 사용 시간이 1시간 미만이면 집 공부 시간이 30분 미만이라도 점수가 평균점을 넘었지만, 스마트폰 이용 시간이 1시간 이상이면 1~2시간 동안 공부해도 겨우 평균점을 넘는 수준입니다. 스마트폰을 1시간 이상 사용하는 아이는 스마트폰 사용 시간이 1시간 미만인 아이보다 두 배 이상의 시간을 들여 공부하지 않으면 뒤처진다는 결론입니다. 집에서 오랜 시간 공부한 뒤에 아이가 스마트폰을 갖고 놀지는 않는지 돌아볼 필요가 있습니다. 공부량이 많고 수면을 충분히 취하더라도 스마트폰을 장시간 사용하면 모든 노력이 물거품이 되어버릴 수 있습니다.

당연한 말이지만 이 차이가 수개월, 수년에 걸쳐 누적되면 학습 능력에 큰 차이를 가져옵니다. 물론 요즘 초·중학생에게 스마트폰을 사주지 않거나 아예 만지지 말라고 하는 건 비현실적인 요구일 것입니다. 하지만 사용량을 조절할 수 있도록 부모가 도와줘야 합니다. 아이가 스마트폰을 보는 시간은 (중요한 기준인) 하루 1시간을 넘지 않도록 약속하는 게 좋습니다.

뇌에 미치는 악영향에 대해 아이들에게 충분히 이야

기하고 스마트폰 사용에 대한 규칙을 마련해 아이와 부모가 함께 지키는 것을 강력하게 추천합니다.

메신저 앱은 공부 뇌에 독이 된다

스마트폰은 하루에 1시간 이상 사용하지 않는 것이 좋다고 했는데 한 가지 주의할 것이 있습니다. 메신저 앱은 그보다 더 짧은 시간 사용하더라도 성적이 떨어진다는 점입니다.

이 사실은 우리 연구팀이 2014년, 메신저 앱 라인(LINE) 등을 사용하는 시간과 성적 간 관계를 조사한 결과 드러났습니다. 다른 조건이 모두 같더라도 메신저 앱 사용 여부가 성적의 차이로 이어졌습니다. 스마트폰 사용 시간이 하루에 1시간 미만이라고 해도, 몇 시간씩 공부해도, 충분히 잠을 자도 성적이 떨어졌습니다. 메신저 앱은 직접적으로 학업 능력을 저하하는 요인이었습니다.

구체적 결과를 알려드리면, 메신저 앱을 1시간 이상 사용하면 국어, 수학, 과학, 사회 3과목의 시험 성적의 총합이 약 15점 낮고 2시간 사용하면 약 30점 낮았습니다. 2017년에 새롭게 조사한 라인 사용 시간과 4개 교과 평균 표준 점수를 조사한 결과는 다음과 같습니다.

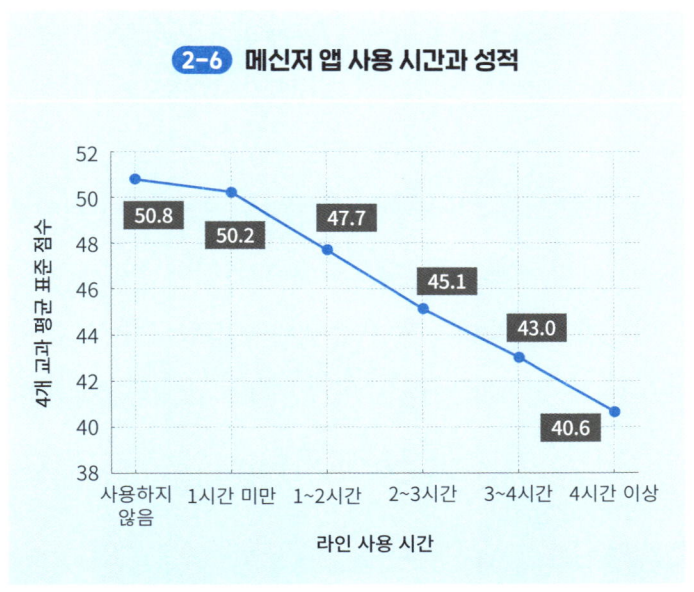

라인을 얼마나 사용하는지에 따라 표준 점수가 10점 이상 차이가 난다는 사실이 놀랍지 않나요?

불행 중 다행인 일은, 메신저 앱 사용을 줄이면 다시 성적이 올라가는 것으로 조사됐습니다. 성적이 좋았던 아이든 원래 성적이 낮았던 아이든 메신저 사용을 중단하면 성적이 향상되었습니다. 스마트폰으로 보는 무분별한 영상도 문제지만, 메신저의 무절제한 사용은 아이들에게 더 큰 해가 될 수 있습니다. 또래와 연락을 주고받는 수단으로 쓰이니 공부하던 중에 메시지가 오면 집중력이 곧장 흐트러지는 게 큰 원인일 겁니다. 하지만 메신저 앱을 완전히 차단하는 건 현실적으로 불가능합니다. 동아리 활동이나 학급 연락 사항을 전달하는 수단이 되기도 하니까요. 공부할 때는 사용하지 않는 걸 원칙으로 하고, 평소에도 최소한으로 줄이는 편이 좋습니다.

아이가 수험생이라면 더 주의가 필요합니다. 시험 합격 여부가 메신저 앱의 사용, 미사용에 따라 크게 달라질 수 있습니다. 메신저 앱을 쓰는 것과 합격 중에 무엇이 더 중요한지는 굳이 말하지 않아도 되겠지요. 아이와 이 부분에 대해서 제대로 이야기를 한 후에 시험이 끝날 때까지는 앱을 삭제하거나 스스로 절제할 수 있도록 도와주세요.

디지털 학습이 효과적이라는 착각

최근 일본 후생노동성(일본의 행정 기관으로 우리나라의 보건복지부, 고용노동부에 해당한다·옮긴이)이 교육 분야에서 정보통신기술Information and Communications Technology, ICT 활용을 추진하고 있습니다. 일선 학교에서는 학생 한 명당 스마트 기기가 한 대씩 제공되었고 이른바 '태블릿 PC 학습'이 시작되었습니다. 뇌과학자로서 저는 이러한 변화는 더 신중하게 추진해야 한다고 생각합니다.

첫 번째 이유는 지금까지 말했던 것처럼 스마트 기기

사용이 아이들의 인지 기능에 미치는 악영향 때문입니다. 저는 대학생들을 대상으로 단어의 의미를 찾아볼 때 종이 사전을 찾아보는 경우와 스마트폰을 사용하는 경우의 뇌 혈류 차이를 조사한 적이 있습니다. 종이사전을 사용하는 피험자의 전전두엽은 활발한 활동을 시작했습니다. 하지만 스마트폰을 사용한 경우는 혈류가 감소해 뇌가 별다른 반응을 보이지 않는다는 사실을 확인했습니다. 뇌는 본래 학습을 좋아하지만, 스마트폰을 사용하는 학습은 효과가 떨어지는 것이지요.

두 번째 이유는 스마트 기기의 메시지 앱이 학습에 미치는 폐해가 크기 때문입니다. 제가 했던 한 실험을 예로 들어보죠. 학생들에게 스마트폰을 뒤에 두고 정보 처리 작업을 하게 한 후, 그 사이에 메신저 알림음과 일반적인 알림음을 번갈아 울려보았습니다. 학생들은 일반적인 알림음에는 별 반응이 없었던 반면 메신저의 알림음이 울린 순간 정보 처리 능력과 집중력이 급격히 저하되었습니다. 자신에게 의미 있는 메시지가 왔다는 알림음을 들으면 갑자기 주의가 산만해지면서 학습효과가 떨어지게 됩니다.

세 번째 이유는 뇌는 원래 멀티 태스킹multi-tasking을 하지 못한다는 특징에 기인합니다. 학창 시절에 라디오나 음악을 들으며 공부를 한 사람도 많을 것입니다. 그런데 이런 식으로 공부를 하면 뇌는 매우 비효율적으로 일하게 됩니다. 공부에 집중하고 있다고 스스로 생각하지만, 라디오에서 음성이 나오면 뇌는 들리는 말의 정보 처리를 자동으로 시작합니다. 그러다가 다시 학습 중인 정보 처리를 위해 되돌아갑니다. 이때 다시 공부에 집중하기 위해서는 일정한 시간이 걸립니다. 이런 식으로 음성이 들릴 때마다 처리하는 대상을 계속해서 바꿔야 하므로 학습 효율이 매우 떨어집니다.

우리는 여러 일을 한꺼번에 하고 있다고 착각하지만 뇌는 한 가지 일을 빠르게 번갈아 가며 하는 것일 뿐입니다. 전환하는 횟수가 많아질수록 학습 효과는 떨어지고 뇌는 피로해집니다. 뇌는 하나의 작업에 집중했을 때 그 퍼포먼스를 최대한 발휘할 수 있도록 설계되어 있습니다.

한편 공부 중에 스마트폰을 사용할 때 몇 개의 앱을 사용하느냐도 학습 효과에 차이를 만듭니다.

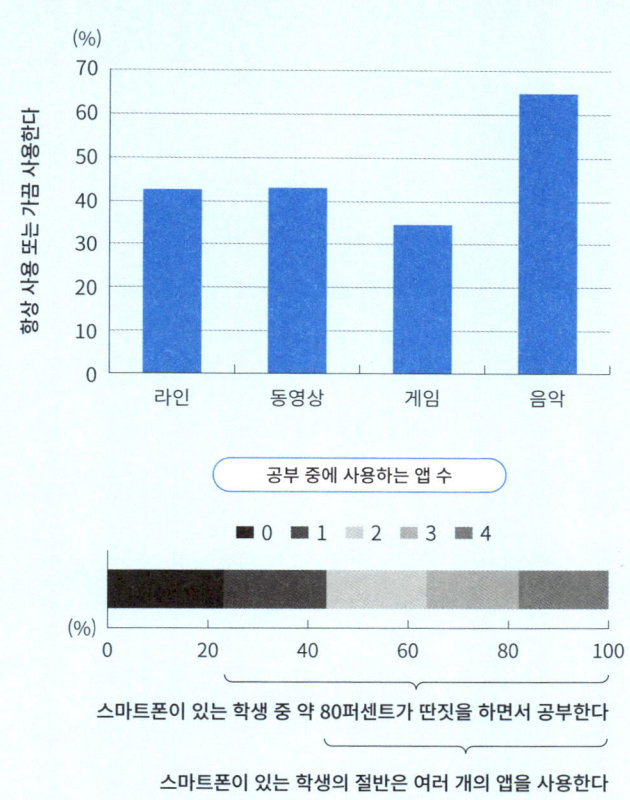

출처 2015년도 센다이시 생활·학습상황조사 해석 결과
대상 중학교 1~3학년 25,016명(스마트폰 미보유자 8,096명 제외)

Part 2 · 공부머리가 탁월해지는 습관

도표 2-7을 보면 스마트폰을 사용하는 학생 중 약 80퍼센트가 공부에 집중하지 못하고 딴짓을 하며 공부한다는 사실이 확인되었습니다. 공부 중에 4개의 앱을 사용한다는 심각한 답변도 있었습니다. 공부를 하면서

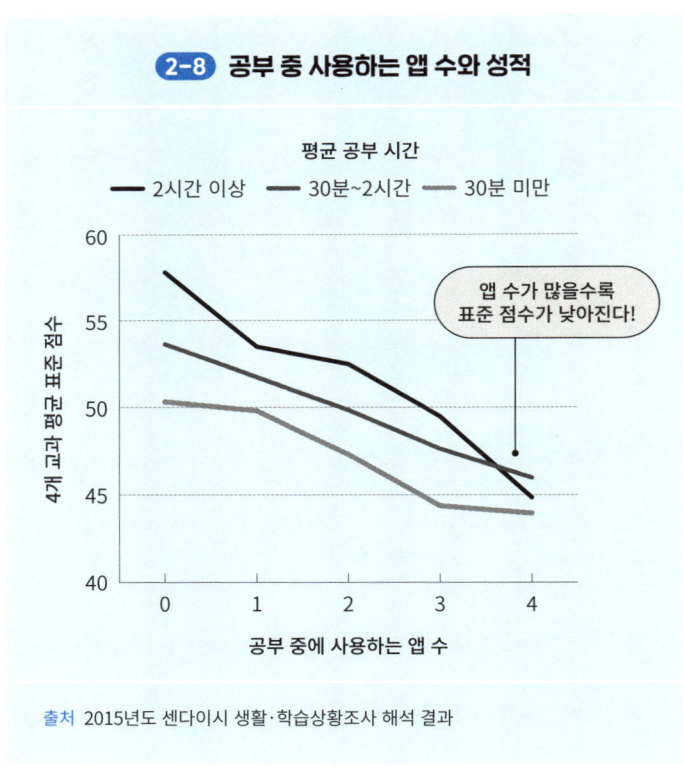

음악 앱을 사용하는 학생은 65퍼센트, 라인 메신저를 사용하거나 동영상을 보는 학생은 각각 약 40퍼센트, 게임이 40퍼센트에 살짝 못 미치는 수준이었습니다. 당연한 결과이지만 공부 중에 사용하는 앱이 많을수록 성적이 낮았습니다(도표 2-8).

놀랍게도 성적은 공부 시간 총량과는 관련이 없었습니다. 공부를 총 몇 시간 하든, 공부 중에 앱을 사용하는 습관은 성적 하락이라는 결과를 초래했습니다. 앞서 살펴본 실험 결과로 유추해보면, 공부 중 앱 사용은 뇌 활동을 저하시켜 공부한 내용이 제대로 저장되지 못한 탓일 테지요. 스마트폰은 반드시 물리적으로 멀리해야 합니다. 딴짓을 하면서 2시간 공부하는 것보다는 1시간 동안 공부에만 집중하는 편이 훨씬 더 학습 효과가 높습니다.

아이가 공부할 때는 스마트 기기의 유혹을 받지 않도록 부모님도 함께 노력해서 집중하기 쉬운 환경을 만들어주시기를 바랍니다.

부모의 스마트폰 의존이 아이 뇌에 미치는 영향

스마트폰 등의 디지털 기기가 초·중학생의 뇌 발달과 학습 능력에 부정적인 영향을 주는 이유에 대해서는 이해하셨을 겁니다.

그렇다면 더 어린 영유아기의 아이는 어떨까요? 물론 영유아기 아이들에게 스마트폰을 사주는 부모는 없겠지요. 다만 대중교통을 이용할 때 얌전히 있으라고 그동안만 스마트폰을 보여주기도 합니다. 어쩔 수 없는 사정이 있을 때 스마트 기기에 의존하게 되는 것을 이해는

하지만, 그사이에도 아이의 전전두피질 혈류가 둔화하고 억제된다는 사실을 기억해야 합니다. 세계보건기구 World Health Organization, WHO 가이드라인에 따르면, 만 2세(24개월)까지는 미디어 노출이 아예 권장되지 않고, 만 4세까지도 하루 1시간 이하 정도로 적을수록 좋다고 합니다. 육아를 편하게 하는 것도 좋지만, 습관적으로 아이에게 스마트폰이나 태블릿 PC를 주는 건 아닌지 돌아봐야 합니다. 무분별한 영상 노출은 아이의 뇌 발달에 치명적이라는 사실이 많은 연구로 입증되고 있습니다.

부모의 스마트폰 중독도 우려스러운 부분입니다. 요즘 아이와 함께 있는 동안에도 스마트폰을 보는 부모를 종종 볼 수 있습니다. 이런 행동 또한 아이의 뇌 발달을 저해합니다. 부모의 말을 들으면서 아이의 뇌가 받아야 할 적절한 자극이 부족해지기 때문입니다.

부모가 아이에게 말을 걸고 눈을 맞추며 소통할 때, 애착 형성이 되는 것뿐 아니라 정서와 관련된 뇌 영역이 발달합니다. 이렇게 이상적인 정서 자극을 받으며 뇌 발달을 거친 아이들은 향후 다른 사람들과 원만한 관계를 맺는 데 어려움을 겪지 않습니다. 타인에게 공감하고 다정하게 대할 줄 알며, 자신의 감정을 표현하는 일도 자연스럽지요. 이 중요한 시기에 부모가 아기에게 말을 걸지도 않고 눈도 마주치지 않은 채 스마트폰만 들여다본다면 그 결과는 어떨까요. 애착 형성이 제대로 되지 않고, 정서 발달이 더디며 언어 능력도 떨어지기 쉽습니다.

영유아기 아이와 함께 있을 때는 가능한 한 스마트폰이나 TV는 보지 말고 눈을 맞추며 하는 활동을 가장 우선시해야 합니다. 함께 책 읽기, 노래 부르기, 퍼즐 놀이 같은 상호작용이 좋습니다. 2세 이후에도 미디어를 시청할 때는 보호자가 함께 보면서 이야기를 나누는 것을 권합니다.

학령기 아이들도 마찬가지입니다. 가족끼리 식사를 할 때는 스마트폰이나 TV를 잠시 꺼두는 것을 규칙으로 하고 서로의 일과를 물으며 최대한 많이 대화하길 바랍니다. 사회적 동물인 인간은 기계보다 사람과 대화할 때 뇌 활동이 활발해집니다. 가정 내에서 나누는 대화는 아이뿐만 아니라 부모의 뇌에도 건강한 양분이 됩니다.

바깥 놀이를 해야 뇌의 신경세포가 늘어난다

요즘에는 밖에서 열심히 뛰어노는 아이들을 찾아보기 어렵습니다. 게임이나 동영상, SNS 등 실내에서 즐길 수 있는 놀이가 늘어난 게 가장 큰 이유일 겁니다. 뇌과학자로서는 이러한 상황에 큰 위기감을 느낍니다. <u>아이의 인지 기능은 바깥 놀이를 통해서 크게 향상되기 때문입니다.</u> <u>몸을 활발하게 움직이는 것은 머리 좋은 아이가 되기 위한 필수 요건입니다.</u> 미디어에 집중하는 아이의 뇌는 갈수록 망가지지만, 바깥에 나가 신나게 노는 아이의 뇌는 눈부시게 성장합니다. 조금 귀찮더라도 아이에게 태블릿 PC나 스마트폰을 주는 대신 밖에서 다양한 활동을 할 수 있게 해야 하는 이유입니다.

미국 일리노이주립대학교의 찰스 힐먼Charles Hillman 교수 연구팀이 8~9세 어린이 221명을 대상으로 한 조사에 따르면 9개월 동안 주 5일, 2시간씩 운동 프로그램에 참여한 아이는 인지 기능이 눈에 띄게 좋아졌습니다. 특히 목표를 이루기 위해 행동을 계획하고 체계적으로 실천할 수 있게 하는 '실행 기능'이 향상되었습니다. 연구팀은 또 시험 전에 걷기, 달리기 같은 유산소 운동을 한 그룹과 운동을 전혀 하지 않은 그룹의 성적을 비교했을 때 운동을 한 그룹의 성적이 더 높은 것을 확인했습니다.

왜 이러한 일이 일어나는 것일까요? 운동은 뇌의 신경 세포 발달에 긍정적인 영향을 주기 때문입니다. 쥐를 대상으로 한 실험에서 운동을 자주 하는 환경에 있는 쥐는 운동이 제한된 환경에 놓인 쥐와 비교했을 때 대뇌 부피가 눈에 띄게 증가했다는 사실을 알 수 있었습니다. 힐먼 교수의 연구에서도 비슷한 결과가 나왔습니다. 운동을 한 아이들의 뇌 MRI를 찍어 봤더니, 운동을 하지 않은 아이들보다 대뇌기저핵basal ganglia이 현저히 컸습니다. 대뇌기저핵은 집중력과 실행 능력에 중요한 역할을 하는 뇌 부위입니다. 또 몸을 활발히 움직일 때 뇌에서는 신경세포 성장을 조절하는 단백질인 뇌유래신경영양인자brain-derived neurotrophic factor, 이하 BDNF가 증가합니다. BDNF는 신경가소성neuroplasticity에 관여하는 물질로, 뇌 신경세포 사이를 이어주는 신경섬유를 늘리는 역할을 합니다. 앞서 말한 대로 뇌세포와 뇌세포 사이에 탄탄한 고속 네트워크가 많이 생기면 기억과 학습 능력은 비약적으로 향상할 수밖에 없습니다.

고령자를 대상으로 한 연구에서 유산소 운동이 해마의 부피를 늘린다는 사실도 밝혀졌습니다. 이것도 BDNF의 증가가 원인일 가능성이 큽니다. 고령자에게도 이러한 변화가 나타나는데, 뇌 발달이 진행 중인 아이들에게서는 말할 것도 없겠지요.

교육열 높은 부모들은 아이의 하루를 국어나 영어, 수학 학원 스케줄로 빡빡하게 채우고 바깥 활동이나 운동은 등한시하기도 합니다. 하지만 다시 한번 생각해봐야 할 문제입니다. 활동적으로 놀 때 아이의 뇌에서 일어나는 발달은 책상 앞에 앉아 있을 때의 그것과는 비교할 수 없을 정도로 급격하기 때문입니다.

네덜란드 흐로닝언대학교가 초등학교 학생들을 대상으로 운동의 중요성에 관한 실험을 진행했습니다. 교실에서 앉아서 듣는 일반 수업만 받는 학생 그룹과 일반 수업과 함께 활발하게 몸을 움직이는 수업도 함께 받은 학생 그룹으로 나누어 성적을 비교했습니다. 실험 결과, 운동을 한 학생 그룹의 성적이 이전보다 크게 향상되었습니다. 운동이 공부 뇌에 도움이 된다는 사실이 실증적으로 밝혀진 것입니다.

성적이 그다지 좋지 않았던 운동부 학생이 운동을 그만두고 입시 공부를 시작하자마자 성적이 눈에 띄게 오르고 좋은 학교에 합격하는 예가 심심치 않게 있습니다. 뇌과학적인 관점에서 생각하면 자연스러운 일입니다. 꾸준히 운동했던 학생의 뇌 기능은 다른 학생보다 오히려 뛰어난 상태입니다. 이런 뇌로 공부를 시작하면 놀라운 성과가 나타나는 것이지요.

영유아기, 학령기에는 밖에서 많이 뛰어놀게 하고 중고등학생이 되더라도 본인이 좋아하는 운동 하나쯤은 즐기도록 해주세요. 공부머리는 공부만 한다고 좋아지지 않습니다. 공부와 운동을 병행해야 쑥쑥 자랍니다.

핵심 포인트

* TV 시청 시간이 길어질수록 아이의 뇌 발달에 해가 된다. 연구 결과 TV 시청 시간이 긴 아이일수록 전두엽, 두정엽 등 뇌의 넓은 범위에서 발달이 제한되며, 특히 언어 능력 발달에 부정적 영향을 주는 것으로 나타났다.

* 스마트폰 사용은 1시간 이내로 제한하는 것이 좋다. 초등학생부터 고등학생까지 스마트폰 사용과 성적 간 관계를 조사한 결과, 장시간 스마트폰 사용을 할 경우 학습 시간이 길고 잠을 충분히 자더라도 공부 내용이 기억에 저장되지 않을 확률이 높다는 사실이

드러났다.

---

* 스마트폰 앱 중에서도 메신저 앱은 1시간 미만으로 사용하더라도 학업 능력이 떨어졌다. 다른 조건(학습 시간, 수면 시간, 스마트폰 총 사용 시간)이 동일하더라도 메신저 앱을 1시간 이상 사용하는 아이들은 아예 사용하지 않은 아이들에 비해 시험 성적이 현저하게 낮았다.

---

* 최근 태블릿 PC 교재로 학습을 추진하는 등 공교육에서 아이들 수업에 디지털 기기를 도입하려는 시도가 있는데, 뇌과학적으로 우려스러운 부분이다. 스마트 기기를 사용한 학습보다는 종이에 인쇄된 활자로 공부할 때 인간의 전전두피질은 훨씬 활발하게 움직인다. 게다가 스마트 기기로 학습하면서 다른 앱을 사용하는 등 공부 중 딴짓을 하면서 집중력이 흐트러질 위험도 크다. 디지털 기기 사용은 얼핏 효율적으로 보일지 몰라도, 아이의 뇌 발달과 학업 능력에 궁극적

으로 악영향을 미친다는 사실은 이미 여러 연구 결과로 증명된 바 있다.

---

* 세계보건기구는 만 2세 미만 영유아는 미디어 노출을 아예 하지 않는 게 좋고, 만 4세까지도 지양할 것을 권고한다. 부모 역시 아이와 함께 있을 때는 스마트폰을 잠시 치워두는 것이 바람직하다. 영유아라면 책 읽기, 노래 부르기, 퍼즐 놀이를 하며 상호작용하고, 학령기 아이들이라면 식사 시간에 스마트폰을 쓰지 않기로 약속하고 서로의 일상 이야기를 많이 나누는 것이 바람직하다.

---

* 아이의 인지 기능은 앉아서 공부만 한다고 좋아지는 것이 아니다. 오히려 바깥 놀이를 통해 크게 향상된다는 사실이 과학적으로 밝혀졌다. 운동을 하는 아이들은 집중력과 실행 능력을 관장하는 뇌 부위가 잘 발달한다. 친구들과 뛰어놀며 몸을 움직여야 공부 효율이 높은 뇌로 성장한다는 의미이다.

온 가족 공부 뇌 트레이닝 게임 ②

두뇌 회전 트럼프 암산 게임

두뇌 회전 속도를 높이기 위해 트럼프를 이용하는 암산 게임입니다. 단순한 숫자 계산을 빠르게 해서 정보 처리 속도를 높여봅시다. 일대일로 경쟁하면 그 효과가 더 커집니다.

조커를 제외한 52장의 트럼프를 모두 뒷면이 위를 향하게 하고 한 장씩 뒤집으면서 나오는 숫자를 더합니다. 예를 들어 첫 번째 카드가 3, 두 번째 카드가 5라면 3과 5를 더한 수인 8이라고 답합니다. 다음 세 번째로 9가 나오면 앞에서 계산한 8에 9를 더한 17이 정답입니다. 이런 식으로 최대한 빠르게 계산해서 52장 모든 카드를 다 더했을 때 364가 되면 정답입니다. 스톱워치로 시간을 재서 보다 짧은 시간 안에 정답을 맞힌 사람이 승리하는 게임입니다.

 뇌 준비 운동을 하자!

1단계
스피드 덧셈

STEP ①
52장의 트럼프 카드를 반으로 나눠서 각각 뒤집어서 가지고 있는다.

STEP ②
카드를 숫자가 보이는 쪽으로 1장씩 동시에 펼친다.

STEP ③
2장의 카드를 더한 수의 정답을 먼저 말한 사람이 카드를 가질 수 있다. 카드가 없어질 때까지 계속한다.

마지막에 갖고 있는 카드가 많은 사람이 승리!

2단계
스피드 덧셈 + 앞 단계의 답 기억하기

STEP ①

52장의 카드를 반으로 나눈 후 뒷면이 보이게 놓아둔다. 각자 카드를 1장씩 뒤집으면서 더한 수를 기억한다. 이때 숫자를 말하면 안 된다.

STEP ②

다시 한번 카드를 한 장씩 더 내고 그 수를 더한 후 기억한다. 동시에 step1에서 기억한 수를 소리 내서 말한다. 먼저 답을 말한 사람이 카드를 가져간다.

STEP ③

같은 요령으로 카드를 낼 때마다 그 수를 더해서 기억하고 동시에 앞 단계의 답을 소리 내서 말한다. 이 과정을 카드가 없어질 때까지 반복한다.

마지막에 들고 있는 카드가 많은 사람이 승리!

3단계
답이 10이 되도록 역으로 계산하기

STEP ①

먼저 둘 사이에 52장의 카드를 뒷면이 보이게 쌓아둔 뒤 각자 4장씩 뒤집어서 나열한다.

STEP ②

4장의 카드에 있는 숫자를 +, −, ×, ÷를 사용해서 답이 10이 되도록 식을 만든다. 예를 들어 '1, 3, 5, 8' 카드가 나왔을 때 '8÷1+5−3=10' 등의 식을 만들어보고 소리 내서 말한다. 식이 만들어지지 않는다면 카드를 몇 장이든 바꿔도 괜찮다. 사용하는 기호의 종류와 수에는 제한이 없다.

먼저 식을 만든 사람이 승리!

· 4 ·

공부머리의 에너지원: 식사 습관

상위권 아이들은 아침 식사를 거르지 않는다

이 장에서는 식습관이 아이의 뇌 발달에 미치는 영향에 대해서 살펴보겠습니다. 식사 중에서도 특히 중요한 건 아침 식사입니다. 아침 식사는 아이의 뇌 발달, 학업 능력과 심리적인 기능에도 도움이 될 뿐 아니라 미래의 행복에까지 영향을 줍니다.

우리 몸은 약 37조 개의 세포로 구성되어 있고 그 세포 하나하나에는 미토콘드리아라고 하는 기관이 존재합니다. 미토콘드리아는 각 세포 안에 수백 개에서 수천

개 존재하고 인간 체중의 약 10퍼센트를 차지한다고 알려져 있습니다. 이렇게 무수히 많은 미토콘드리아가 발전소처럼 일하면서 우리의 장기를 움직이게 하고 생명 활동을 위한 에너지를 생산해 냅니다. 뇌를 움직이게 하려면 세포 내 미토콘드리아가 생산하는 에너지가 필요합니다. 그 에너지의 재료가 되는 것이 포도당입니다. 뇌는 엄청난 대식가입니다. 성인의 뇌 무게는 1200~1400그램 정도로 몸 전체 무게의 약 2퍼센트에 불과하지만, 전체 에너지 소비량의 18퍼센트를 사용합니다. 뇌의 에너지원인 포도당을 충분히 공급하려면 아침 식사로 쌀이나 빵과 같은 주식을 꼭 먹어주어야 합니다.

전날 밤에 저녁을 충분히 먹으면 문제없지 않을까 하는 의문이 들 수 있습니다. 하지만 뇌는 몸의 다른 부분과 다르게 포도당을 거의 저장하지 못합니다. 저녁에 밥을 충분히 먹었다고 해도 밤 사이에 에너지원은 고갈되어 버립니다. 이렇게 허기가 진 상태에서는 아무리 열심히 수업을 듣고 공부한다 해도 뇌가 제 기능을 발휘하지 못합니다.

한편 뇌 신경세포 사이를 이어주는 신경섬유를 두껍

게 만들거나 가지치기를 해야 뇌 운동이 개선되는데, 이 신경섬유의 재료는 단백질이나 지방입니다. 또 포도당에서 효율적으로 에너지를 만들려면 비타민이나 미네랄도 꼭 있어야 합니다. 이렇게 다양한 영양소를 충분히 섭취해야 머리를 많이 써야 하는 아이들의 뇌가 생산적으로 일할 수 있습니다.

아이가 아침에 식욕이 없어서 챙겨줘도 잘 안 먹을 때가 많을 수도 있지만, 아침 식사를 거르는 습관이 초래하는 결과를 보면 조금이라도 먹게 할 방법을 찾아봐야겠다는 생각이 들 수밖에 없습니다. 우리 연구팀이 센다이시 초등학교 5학년에서 중학교 3학년 학생 약 4만 3000명을 대상으로 아침 식사 습관과 성적과의 상관관계를 조사한 결과, 다음과 같은 사실을 알 수 있었습니다.

- 학교 성적이 상위권인 학생의 90퍼센트는 아침을 매일 먹는다.
- 학교 성적이 하위권인 학생의 30퍼센트는 아침을 매일 먹지 않는다.

다른 조건이 동일할 때, 아침밥을 먹는 습관은 학업 성적과 직접적인 관련이 있었습니다. 일본 문부과학성이 전국의 초·중학교 가장 고학년(초6, 중3)을 대상으로 시행하는 전국 학력·학습상황조사에서도 아침 식사를 하지 않는 아이일수록 학업 능력이 낮다는 결과가 나왔습니다.

제 연구팀이 센다이시 초등학교 5학년에서 중학교 1학년 학생 약 2만 명을 3년 동안 추적 조사한 결과, 3년 동안 매일 아침 식사를 한 아이들은 표준 점수가 50~51로 높은 수준을 유지했습니다. 이에 반해 아침 식사를 하다가 점점 거르게 된 아이들은 50 이상이었던 표준 점수가 44~46으로 떨어졌습니다(우리나라 질병관리본부가 2016년 진행한 연구에서도 비슷한 결과가 나타났다. 전국 고등학교 3학년 학생 1652명의 아침 식사 습관과 수능점수를 분석했는데, 아침밥을 매일 먹는 학생과 일주일에 하루 이상 거르는 학생의 언어, 수리, 외국어 영역 수능점수를 비교해보니 아침밥을 매일 먹는 학생의 세 과목 평균 점수가 여학생은 8.5점, 남학생은 6.4점 높았다·옮긴이).

놀랍게도 아침 식사의 중요성은 학생 시기를 너머 심지어 사회에 진출한 후 심리적 안정감과 행복도에도 영향을 미치는 것으로 나타났습니다. 대학생 400명과 35~44세 대졸 회사원을 대상으로 한 일본 농림수산성과의 공동 연구에서 다음과 같은 사실이 확인되었습니다.

아침 식사를 매일 하는 사람들은 업무 의욕이 높고 미래에 대해 긍정적으로 생각하는 경향이 있었고 스스로 행복하다고 여기는 비율도 높았습니다. 반면 아침 식사를 자주 거르는 사람들은 업무 의욕이 대체로 낮고 불안도가 높았으며 행복하다고 느끼는 비율이 낮았습니다 (아침식사와 행복도의 상관관계에 대한 국내 조사도 있다. 2018년에 수원대 간호학과 권민 교수팀이 전국의 중1~고3 학생 6만 2276명을 대상으로 수행한 연구에 따르면, 주 5일 이상 아침 식사를 거른 학생은 아침 식사를 매일 한 학생에 비해 행복하지 않다고 느낄 가능성이 1.2배였다・옮긴이).

아침 식사를 하느냐 마느냐로 업무 의욕이나 심리적 안정의 정도까지 차이가 나는게 맞는지 의아할 수도 있겠지요. 하지만 뇌를 컴퓨터라고 가정하고 했던 이야기를 떠올려 봅시다. 최신 CPU와 메모리를 탑재한 컴퓨터와 10년이 넘은 컴퓨터 성능을 비교하면 하늘과 땅 차이입니다. 에너지를 충분히 공급받은 뇌는 마치 최신 컴퓨터처럼 움직입니다. 에너지원이 없는 뇌는 구형 컴퓨터처럼 버벅댈 것입니다. 아침 식사를 거르는 습관이 수년 동안 이어진다면 최신 사양의 컴퓨터 같은 뇌로 일하는 사람과의 성과 차이는 엄청날 수밖에 없습니다.

아이가 식욕이 없어서 아침은 안 먹겠다고 하더라도 아이의 뇌는 배가 고프다고 비명을 지르는 중임을 기억하세요. 반드시 아침을 먹는 습관을 집에서 길러주는 것이 좋습니다. 간단한 달걀 요리, 밥, 된장국으로 시작해도 괜찮습니다.

아침 식사로 빵보다는 밥이 뇌에 좋다

그렇다면 뇌에 좋은 아침 식사 메뉴는 무엇일까요?

우리 연구팀은 쌀과 빵 중 무엇이 뇌에 좋은지 먼저 조사했습니다. 센다이시 아이들을 대상으로 아침 식사 때 주로 빵을 먹는 그룹과 밥을 먹는 그룹으로 나눠서 뇌 사진을 비교해 인지 기능, 심리적 작용에 차이가 있는지 분석했습니다. 놀라운 사실은 밥을 주식으로 하는 아이들의 지능지수가 더 높다는 것이었습니다. 두 경우의 차이가 아주 크지는 않았기 때문에 처음에는 오차범

위라고 생각했지만 (제가 어릴 때 아침 식사로 빵을 많이 먹었기 때문에 인정하고 싶지 않은 마음도 솔직히 있었습니다) 뇌 사진을 자세히 살펴보니 주식이 무엇인지에 따라 뇌 발달에 차이가 있다는 사실이 명백했습니다.

아침 식사로 주로 밥을 먹는 아이들의 뇌가 빵을 주로 먹는 아이들의 뇌보다 발달해 있었는데, 특히 큰 차이가 난 부분이 전전두피질과 대뇌기저핵이었습니다. 전전두피질은 지금까지 말씀드린 대로 고차원적인 사고와 언어, 기억을 관장하는 부분이고, 뇌 깊숙한 곳에 자리 잡은 대뇌기저핵도 바깥 놀이의 중요성에서 언급한 것처럼 실행 능력과 관련성이 높은 영역입니다. 유치원이나 초등학교보다도 중학교, 고등학교, 대학교 학생으로 성장해 갈수록 그 차이가 벌어진다는 것도 발견할 수 있었습니다. 아이의 사고력이나 언어 능력, 기억력, 의욕 발달에 아침 식사와 같은 생활 습관이 크게 영향을 준다는 사실이 놀라웠습니다.

그런데 왜 주식의 차이가 뇌 발달에 영향을 미칠까요? 우선 GI(혈당지수)를 생각해볼 수 있습니다. GI는 글리세믹 인덱스Glycemic Index의 약자로 식사를 한 후 혈당이 상승하는 속도를 나타내는 지수입니다. 포도당의 GI를 100으로 설정하고 그 수치를 기준으로 다른 식품의 GI가 정해집니다. GI가 낮을수록 혈당이 잘 올라가지 않는 식품이고 높을수록 쉽게 혈당이 올라가는 식품이라는 의미입니다. 빵은 GI가 97~98인데 비해 쌀은 70~80으로 훨씬 낮습니다.

아이의 신체 발달과 GI와의 관련성을 조사한 미국의 한 연구에 따르면 GI가 낮은 음식으로 식사를 한 아이일수록 신체 발달 상태가 좋았다고 합니다. 뇌세포에도 GI가 동일한 영향을 줄 것이라고 저는 보고 있습니다.

아침에는 빵이 아니면 도무지 넘어가지 않는다는 사람도 있습니다. 그렇다면 GI가 낮은 통밀빵을 선택하면 됩니다. 통밀빵의 GI는 50으로 쌀보다도 낮습니다. 밥을 선호한다면 GI가 낮은 현미를 추천합니다. 주식으로 먹는 음식의 GI를 아래 정리해 두었습니다. 참고해서 가능한 한 GI가 낮은 음식을 선택하도록 합시다.

저는 아침에 빵을 주로 먹는데, 이 연구 결과를 본 뒤로는 매일 현미빵을 만들어 먹고 있습니다.

주식으로 먹는 식품의 GI

- 식빵 91
- 가락국수 85
- 백미 70~80
- 파스타 65
- 메밀국수 50
- 통밀빵 50
- 현미 50
- 통밀 파스타 50

뇌가 좋아하는 다양한 영양소

아침에 밥을 먹는 아이의 뇌가 더 잘 발달하는 이유는 반찬의 개수와도 연관이 있습니다. 앞서 이야기한 아침 식사 습관 조사에서 주식으로 밥을 먹는 아이는 반찬도 함께 먹는 비율이 높다는 사실이 확인되었습니다. 이에 비해 주식이 빵인 아이는 다른 음식은 먹지 않고 빵만 먹는 경우가 많았습니다. 반찬에 포함된 식이섬유와 지방은 탄수화물이 체내로 흡수되는 속도를 늦춰 혈당이 급격하게 상승하는 것을 막을 수 있습니다. 또 신경세포를 늘리고 에너지를 만들려면 단백질과 지방, 비타민, 미네랄이 필수입니다. 그중에서도 필수 아미노산 중 하나인 라이신Lysine이나 비타민B1은 고기나 채소에 함유되어 있습니다. 이 영양소들은 통밀이나 현미에도 들어 있지만 밀가루 빵이나 백미에는 없습니다. 밥이나 빵만 먹는 식사는 머리가 좋아지는 데 큰 도움이 되지 못한다는 얘깁니다.

도호쿠대학교에서 진행한 한 실험이 이 사실을 뒷받침합니다. 학생들에게 어느 날은 아침 식사로 물만, 다른 날에는 설탕물만, 또 다른 날에는 영양 균형이 잘 잡힌 식사를 제공했습니다. 양은 모두 동일했습니다. 각각 아침 식사 전후에 암산이나 기억력 테스트를 한 뒤 뇌 MRI을 찍어보니 영양 균형이 잘 잡힌 식사를 했을 때 뇌 활동이 가장 활발했습니다. 또 다음과 같은 사실도 확인할 수 있었습니다.

• 물만 마셨을 때는 피로감이 점점 높아진다.

> - 물이나 설탕물만 마셨을 때는 집중력이 조금씩 떨어진다.
> - 영양 균형이 잡힌 식사를 했을 때는 피로감이나 집중력 저하가 있더라도 점차 회복한다.

이러한 결과를 보면 물만 마신 경우는 물론, 포도당(설탕물)만 섭취하는 것도 뇌 활동에 충분한 도움이 되지 않는다는 사실을 알 수 있습니다. 그 후에 일본 문부과학성과 함께 초등학생을 대상으로 아침 식사 습관과 인지 기능 간의 상관관계 조사를 했을 때도 마찬가지 결과가 나왔습니다. 반찬이 많을수록 발달 지수가 높았고 적을수록 발달 지수가 낮았던 겁니다. 반찬의 가짓수와 '똑똑함'에는 분명한 연관이 있다는 사실이 확인되었습니다.

여기까지 읽고 머리를 싸매는 부모가 많을지도 모릅니다. 맞벌이 세대가 많은 요즘, 가뜩이나 바쁘고 정신없는 아침에 반찬까지 다 준비할 여유가 없는 가정이 대부분이겠지요.

그런 가정의 부모에게 저는 아침 식사 때 먹을 반찬을 아침에 만들 필요는 없다고 조언합니다. 일하느라 힘든 부모들이 수면 시간을 줄여가며 반찬을 하나 더 늘릴 필요는 없습니다. 그렇게 무리한다면 부모의 몸이 고장 나 버립니다. 제가 주로 활용하는 방법으로, 아침 식사 때 반찬을 늘리는 방법을 몇 가지 소개하겠습니다. 할 수 있는 것부터 꼭 해보기를 추천합니다.

똑똑한 아이를 만드는
네 가지 간단 아침밥

① 전날 반찬 활용하기

다양한 반찬을 끼니마다 만드는 건 어려우니 여유가 있을 때 만들어 놓은 반찬을 재활용해 아침 식사 메뉴로 다시 내놓는 방법을 추천합니다. 약간 변형을 해도 좋습니다. 감자조림이 남았다면 치즈를 올려서 전자레인지에 데우거나 달걀을 넣습니다. 아니면 카레가루, 고기 등을 넣어서 다른 맛이 나도록 하는 것도 방법입니다.

② 다양한 재료가 듬뿍 들어가 든든한 토핑 주먹밥

치킨이나 달걀, 구운 생선 등으로 주먹밥을!

쌀과 토핑을 3:2의 비율로 주먹밥을 만들면 주식과 반찬을 한 번에 먹을 수 있는 주먹밥 완성! 구운 고등어, 참치·마요네즈, 달걀 볶음과 김 등을 넣으면 단백질도 충분히 섭취할 수 있습니다.

③ 건더기가 가득 들어간 된장국

된장국은 반찬으로 먹을 수 있도록 건더기를 듬뿍!

전날 밤에 건더기가 잔뜩 들어간 된장국을 만들어서 아침 식사 때 내놓으면 멋진 한 상이 됩니다. 두부를 많이 넣으면 단백질도 충분히 섭취할 수 있습니다.

두부

④ 낫토+α로 영양가 UP!

아침 식사로 간편하고 영양가 많은 낫토를 추천합니다. 달걀이나 잔멸치, 참치 등 낫토와 잘 어울리는 식재료를 추가하면 더 훌륭한 식단이 됩니다. 김치와도 궁합이 좋습니다.

달걀, 채소, 잔멸치 토핑으로 맛과 영양 모두 챙기자!

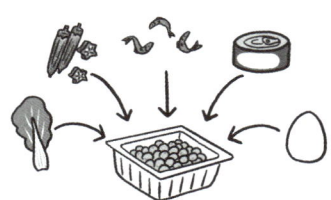

철분 부족에
유의해야 하는 이유

뇌 활동에 필요한 영양을 충분히 공급하려면 특히 신경 써야 할 부분이 '철분 부족'이 되지 않도록 유의하는 것입니다. 특히 제2차 성징이 시작된 여자아이들이나 몸을 많이 움직이는 활동을 하는 아이들은 체내 철분이 쉽게 소모되어 철분 결핍 상태가 될 수 있습니다.

2019년에 일본 후생노동성이 실시한 국민 건강 영양 조사에 따르면 어린아이들의 철분 섭취량은 권장량보다 다소 부족한 것으로 나타났습니다. 1세에서 6세 남녀 어린이의 일일 권장량은 1~2세가 4~4.5밀리그램, 3~5세가 5.5밀리그램, 6~7세가 6.5밀리그램인데, 실제로 섭취하는 철분의 평균치는 4.2밀리그램 정도였습니다.

뇌에는 도파민과 아드레날린, 세로토닌 등 다양한 신경전달물질이 존재합니다. 이 신경전달물질들은 학습, 수면뿐만 아니라 의욕, 행복감과 같은 감정의 작용과도 관련이 있습니다. 철분은 이러한 신경전달물질의 재료가 되는 영양소입니다. 또 세포 안의 미토콘드리아가 전신 세포의 에너지를 생산할 때 철분은 보조효소coenzyme로서 중요한 역할을 합니다. 이 때문에 <u>철분 결핍 상태가 되면 뇌세포의 에너지도 부족해져 머리가 잘 돌아가지 않게 됩니다.</u>

아침에 일어나기 힘들어하고 몸이 늘상 찌뿌둥하다고 하는 아이, 현기증을 자주 느끼고 의욕이 별로 없는 아이, 우울감이나 불안감이 큰 모습을 보이는 아이는 철분 부족일 가능성이 있습니다. 식사 때마다 철분이 풍부한 붉은 고기나 생선, 조개류를 충분히 챙겨주고, 철분 영양제를 챙겨 먹이는 것도 좋은 방법입니다.

두뇌 활동에 도움이 되는 생선

생선을 먹으면 머리가 좋아진다는 말이 있습니다. 이 말은 과학적으로도 증명된 사실입니다. 생선에 함유된 도코사헥사엔산docosa hexaenoic acid, 이하 DHA이나 에이코사펜타엔산eicosapentaenoic acid, 이하 EPA은 음식물을 통해 섭취해야만 하는 불포화지방산으로 뇌 신경세포 발달에 꼭 필요합니다. 특히 발달기의 아동에게는 매우 중요한 필수 영양소입니다.

뇌에 흡수된 정보의 기억과 처리는 신경세포 간의 상

호작용을 통해 이루어지는데, 세포 사이를 연결해 주는 것이 시냅스입니다. 시냅스가 더 길어지거나 많아질수록 상호작용도 더 활발하고 빠르게 이루어집니다. 생선에서 유래한 지방은 시냅스의 발달을 돕는 역할을 하고 뇌의 활동 속도를 높이는 효과도 있습니다. 또 신경세포를 둘러싼 세포막이 부드러울수록 세포 간 상호작용이 원활하게 이루어지는데, DHA는 다양한 지방 중에서도 가장 부드러운 구조라서 정보 처리가 더 빠르게 이루어지도록 돕습니다. 그런데 DHA나 EPA는 우리 몸 안에서 합성할 수 없는 영양소이기 때문에 음식을 통해 꾸준히 섭취해야 합니다. 식단이 서구화되면서 생선 섭취가 줄어들고, 또 미세 플라스틱 우려로 인해 해산물을 꺼리는 경향도 있습니다만, 주 1~2회 정도는 아이들의 식탁에 생선 반찬을 올리는 것이 좋습니다.

머리가 좋아지는 가족 요리 교실

아이가 일상에서 가장 기대하는 중 하나가 간식입니다. 유아뿐만 아니라 고등학생, 대학생이 되어도 부모가 준비해 주는 간식은 마다하지 않지요.

그런데 아이가 좋아하는 간식을 부모와 함께 만들면 아이의 전전두피질에 좋은 자극이 된다는 걸 아시나요? 우리 연구팀은 센다이시 유치원생부터 초등학교 6학년까지의 아이들이 부모와 함께 핫케이크를 만들 때 뇌가 어떻게 반응하는지 살펴봤습니다. 거품기로 재료를 섞고 반죽을 하고 굽는 모든 과정에서 아이들의 뇌 활동이 매우 활발해졌습니다. 그중에서도 달걀 깨기, 재료 계량하기처럼 적당히 어려운 작업을 할 때 전전두피질이 가장 생기 있게 반응했습니다. 이런 현상은 초등학교 중학년 아이들에게서 가장 두드러졌습니다.

부모가 모두 바쁜 평일에 매일 함께 간식을 만들기는 쉽지 않으니 주말 이벤트로 해보는 것도 방법입니다. 위 연구에서는 부모와 아이가 주 1회씩 6주 연속으로 핫케이크를 만드는 활동을 했을 때 그렇지 않은 아이보다 부모와의 관계가 좋아졌고, 아이의 정서에도 긍정적인 영향을 준다는 것이 확인되었습니다.

2-9 간식 만들기 체험과 행복도

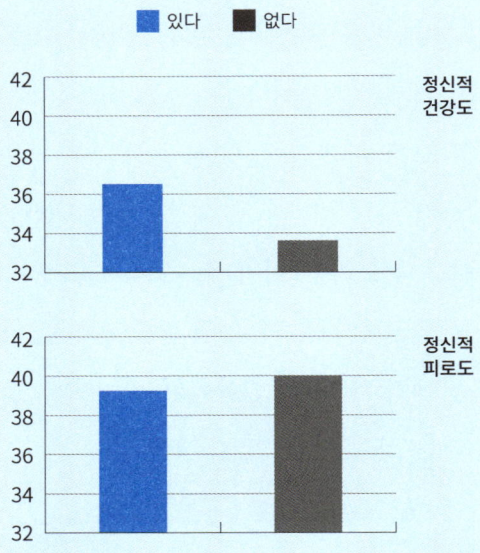

통계적으로 유의미한 차이가 있었던 항목

- 인생에 대한 긍정감
- 성취감
- 자신감
- 행복감
- 사회적 유대감
- 인생에 대한 실망감
- 가족과의 관계
- 정신적 조절 능력
- 신체 건강

출처 2009년 도호쿠대학교·모리나가 제과의 공동 설문조사 더 놀라운 것은 음식을 부모와 함께 만들며 소통하는 일은 유소년기 뇌 발달에도 도움이 될 뿐 아니라 성인이 된 후의 행복감에까지 긍정적인 영향을 미친다는 사실이었습니다. 2009년에 도호쿠대학교와 모리나가 제과가 공동으로 진행한 설문 조사에 따르면, 유소년기에 간식 만들기 체험을 한 대학생들은 그런 체험이 없는 대학생보다 주체적 행복감이 높았습니다(도표 2-9). 단지 간식을 같이 만들 뿐인데 아이 두뇌 발달에 도움이 되고 성인이 되어서도 행복감을 느낄 수 있게 한다니 일석이조의 이벤트가 아닐 수 없습니다. 간식 만들기를 정기적인 가족 행사로 만들어보아도 좋겠습니다.

핵심 포인트

---

* 아이의 뇌 발달에 가장 중요한 식사는 아침 식사이다. 간단한 메뉴라도 영양소가 고르게 담긴 음식을 골고루 먹으면 아이의 뇌가 충분히 충전되어 공부할 준비가 된다. 조사 결과 아침을 거르지 않는 아이일수록 학업 성적이 높았고, 행복 지수도 높은 것으로 나타났다.

---

* 아침 식사로는 빵보다는 밥이 두뇌 활동에 더 도움이 된다. 특히 GI(식사 후 혈당이 상승하는 속도를 나타냄)가 낮은 음식을 주식으로 먹을수록 뇌 기능에 도움이 된다. 대표적으로 현미밥, 곡물빵이 있다.

＊ 반찬의 가짓수가 많을수록 뇌 발달에 도움이 된다. 반찬에 포함된 식이섬유, 지방, 비타민, 미네랄 등 다양한 영양소가 뇌세포의 에너지를 만들고 신경세포를 늘리기 때문이다.

＊ 매일 다른 반찬을 만드는 건 현실적으로 불가능하다. 시간 여유가 있을 때 만들어 놓은 반찬을 재활용하고 다양하게 변주해보자.

＊ 철분은 도파민, 아드레날린, 세로토닌 등 다양한 신경전달물질의 재료가 되는 영양소이다. 특히 사춘기가 시작된 여자아이나 신체 활동이 많은 아이일수록 철분이 부족해지지 않도록 유의해야 한다. 철분이 부족해지면 뇌세포의 에너지도 고갈되기 때문이다.

＊ 생선에는 DHA, EPA가 풍부하게 함유되어 있어 뇌 신경세포 발달에 도움이 되므로 주 1~2회는 섭취하는 게 좋다.

* 부모와 함께 간식을 만드는 등 요리를 함께하면 아이의 뇌 활동이 활발해진다. 부모와 함께 소통하며 생산적인 활동을 하는 것 자체가 정서 발달에 긍정적 영향을 미치고, 성인이 된 후에도 주체적 행복감을 높이는 데 도움이 된다.

온 가족 공부 뇌 트레이닝 게임 ③

인내력 리듬 놀이

출제된 과제를 누가 더 빨리할 수 있는지 겨루면서 뇌의 행동 제어 능력을 키우는 게임입니다. 손과 발이 동시에 각각 다른 움직임을 할 때 무의식중에 어느 한쪽이 다른 쪽을 따라 하는 일이 없도록 제어하면서 전전두피질을 활성화할 수 있습니다. 행동 제어 능력과 관련성이 큰 '인내력'을 키우는 데도 도움이 됩니다.

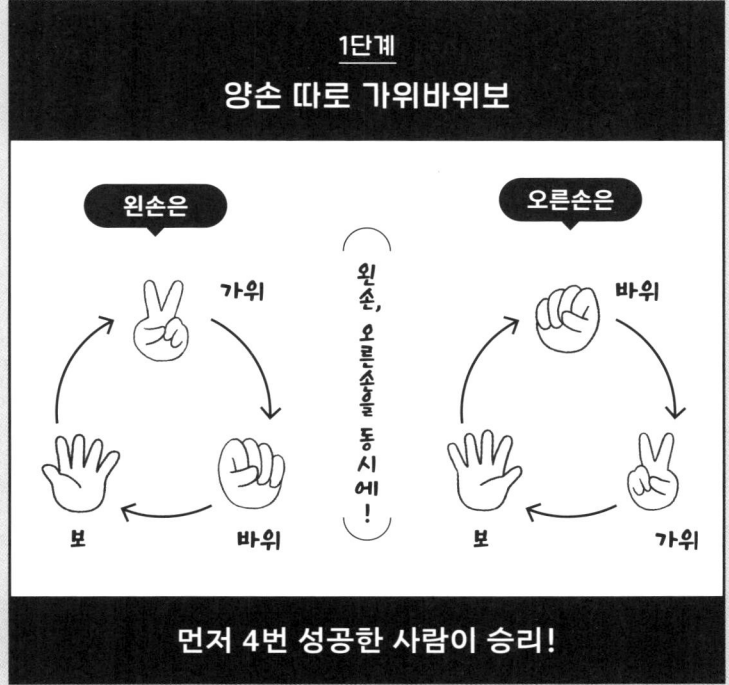

2단계
숫자 세기 & 가위바위보

오른손은 주먹에서 시작해서 1, 2, 3, 4, 5의 순서대로 손가락을 하나씩 펴서 완전히 펴지면 다시 주먹으로 돌아가서 반복한다. 왼손은 가위, 바위, 보 순서대로 움직인다. 좌우 동시에 가능한 한 빨리 움직인다.

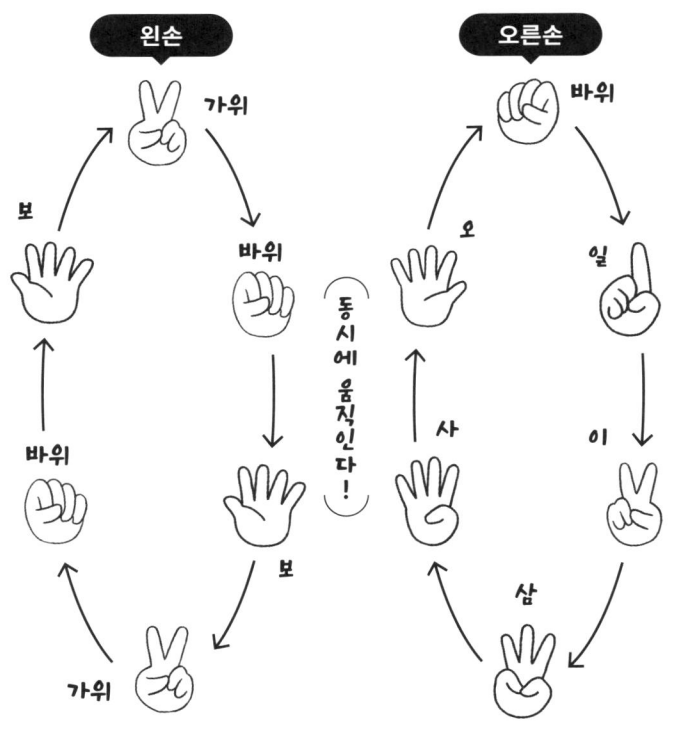

먼저 4번 성공한 사람이 승리!

3단계
손발로 동시에 4박자 & 3박자

오른손을 공중에서 사각형을 그리듯 4박자를 세고 왼발은 발끝으로 바닥에 삼각형을 그리듯 3박자를 센다. 왼손과 왼발을 가능한 한 빠르게 동시에 움직인다.

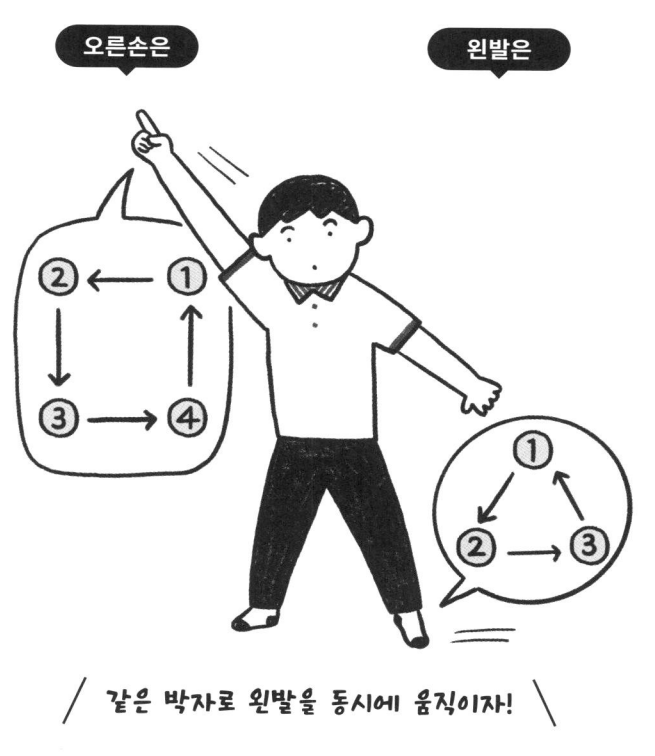

같은 박자로 왼발을 동시에 움직이자!

먼저 4번 반복한 사람이 승리!

4단계
가위 바위 보 & 얼굴 만지기

오른손은 가위, 바위, 보 순서로 움직이고 왼손은 이마, 턱, 왼쪽 귀, 오른쪽 귀 순서로 짚는다. 왼손과 오른손을 동시에 가능한 한 빠르게 움직인다.

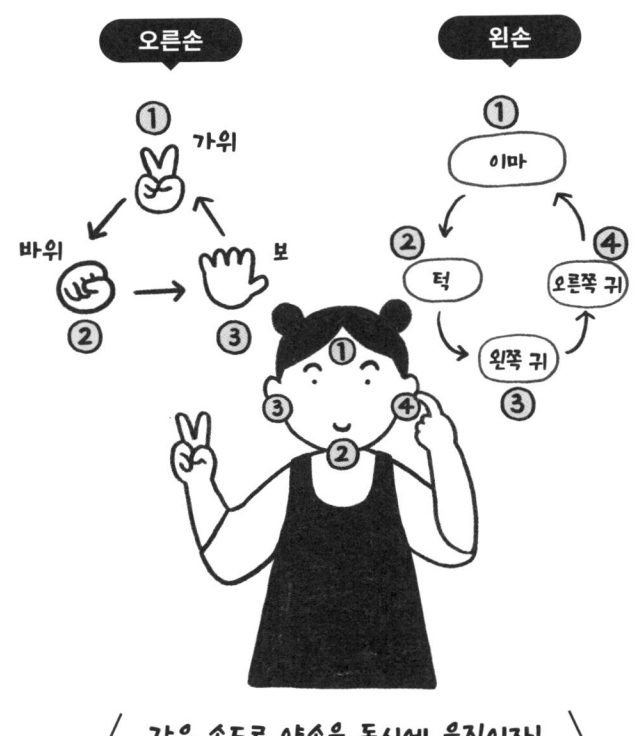

같은 속도로 양손을 동시에 움직이자!

먼저 오른손을 4번 성공한 사람이 승리!

Part 3

공부 뇌
최적화
프로젝트

· 1 ·

준비:
최적의 컨디션 만들기

수면

똑똑한 아이들은 밤 10시 전에 잔다

'뇌 건강을 위해서는 충분한 수면이 필수, 특히 아이들의 뇌 발달에 수면 부족은 치명적'이라는 말은 사실일까요? 우리 연구팀은 이를 확인하기 위해 센다이시 초·중학교 아이들을 대상으로 수면 습관과 성적 간 상관관계를 조사했습니다. 결과는 예상대로였습니다. 성적이 상위권인 아이들의 약 85퍼센트는 밤 10시 이전 또는 10시~11시 사이에 잔다는 사실이 확인되었습니다. 자정 이후에 잠드는 아이 중에도 상위권인 아이가 있기는 하지만 극소수였습니다. 성적이 하위권인 아이들은 약 70퍼센트가 밤 10시 이전 또는 10시~11시 사이에 취침한다고 답했고, 자정 이후에 잠드는 아이는 약 10퍼센트였습니다.

추가로 전국의 951명의 초등학생을 대상으로 다양한 수면 습관과 인지 기능 테스트 성적과의 상관관계를 조사한 결과, 일찍 자고 일찍 일어나는 아이들일수록 아래와 같은 능력이 뛰어난 것으로 나타났습니다.

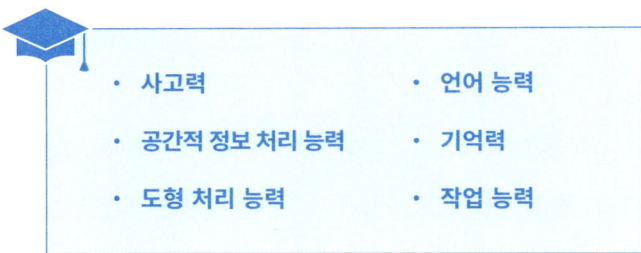

수면 시간이 충분한 아이일수록 다양한 측면에서 인지 기능이 뛰어나다는 사실을 알 수 있었습니다.

일본 문부과학성이 전국의 초·중학교 학생을 대상으로 한 수면 습관 조사에서도 비슷한 결과가 나왔습니다.

수면 시간이 6시간 미만인 어린이와 6~8시간인 아이를 비교했더니 수면 시간이 짧은 아이는 학습 능력뿐만 아니라 50미터 달리기나 오래달리기 등 신체 운동 능력에서도 결과가 그다지 좋지 않았습니다. 잠이 부족한 아이는 두뇌 역량이 충분히 발휘되지 못한다는 사실이 명확하게 밝혀진 셈입니다.

왜 이러한 일이 발생하는지 뇌의 작용을 중심으로 설명하겠습니다.

첫 번째 이유는 충분히 잠을 자지 못하면 뇌에 충분한 에너지 공급이 제대로 되지 않기 때문입니다. 앞서 식사 습관에서 이야기한대로, 미토콘드리아는 우리 몸의 에너지 발전소입니다. 미토콘드리아는 수면이 부족하면 발전소 역할을 제대로 할 수 없습니다. 잠을 제대로 못 잔 다음 날 몸이 무겁고 움직이기 싫다고 생각했던 경험이 있지 않나요? 에너지 생산 능력이 부족해진 미토콘드리아가 제 기능을 하지 못하기 때문입니다. 이런 몸 상태로는 머리가 제대로 돌아가지 않습니다. 인지 능력이 저하될 뿐 아니라 감정이 불안정해지는 등 정신 건강에도 악영향을 미칩니다. 고도의 집중력을 요하는 공부를 할 수 없는 건 당연지사입니다. 성인에게도 수면 부족은 뇌 기능에 치명적인데, 뇌가 한창 발달 중인 아이들이 만성적인 수면 부족 상태에 빠지면 공부에 필요한 여러 능력이 떨어지게 되지요.

두 번째 이유는 더 심각합니다. <u>수면 부족은 뇌의 구조 자체를 변화시킵니다.</u> 수면이 부족한 아이는 뇌에서 기억과 학습을 관장하는 해마가 제대로 발달하지 않는다는 사실이 우리 연구를 통해 확인되었습니다. 저는 2008년부터 4년 동안 센다이시 어린이들의 수면 시간을 조사하고 뇌 MRI를 찍어 분석했습니다. 놀랍게도 해마의 발달 정도와 수면 시간은 정비례한다는 사실을 발견했습니다. 수면 시간이 충분히 긴 아이들의 해마는 잘 발달하지만, 수면 시간이 부족한 아이의 해마는 그렇지 못합니다. 이는 학교 성적에도 여실히 드러납니다. 2014년 센다이시의 어린이들의 수면 시간과 학습 능력(국어와 수학 시험 성적)의 관계를 조사했는데 도표 3-1과 같은 결과가 나왔습니다.

국어, 수학 모두 가장 성적이 좋은 아이의 수면 시간은 8~9시간이었습니다. 수면 시간이 짧을수록 성적도

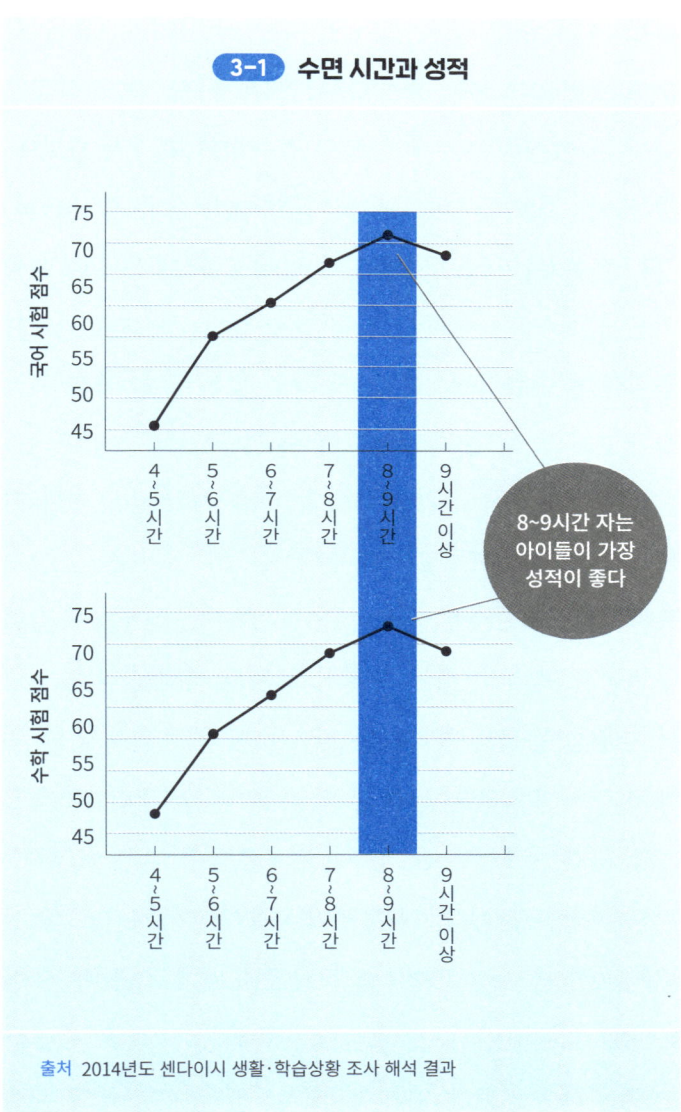

출처 2014년도 센다이시 생활·학습상황 조사 해석 결과

낮았습니다. 흥미로운 사실은 수면 시간이 9시간 이상으로 길어도 성적이 하락한다는 것입니다. 수면 시간이 너무 긴 아이들의 경우 생활이 불규칙한 예가 많습니다. 잠 자는 시간에 비해 수면의 질이 높지 않은 것이지요. 그러다 보니 아침에 개운하게 잠에서 깨지 못하고 계속 이불 속에서 뒹굴뒹굴하는 시간이 많은 것입니다. 조사 결과를 종합해보면, '일찍 자고 일찍 일어나기'도 뇌 발달에 매우 중요한 요소라고 할 수 있습니다.

세 번째 이유는 뇌 안에 기억을 정착시키려면 렘수면이 반드시 필요하기 때문입니다. 인간의 수면은 얕은 수면인 렘수면과 깊은 수면인 논렘수면이 약 90분 주기로 바뀝니다. 렘수면 동안 우리의 뇌는 낮에 학습한 내용이나 경험한 정보를 처리하고 필요한 것을 선별해 기억 속에 정착시키는 작업을 합니다. 8시간 동안 잠을 자면 기억을 정착시키기 위한 렘수면을 6~7번 거치는 반면, 수면 시간이 6시간으로 짧아지면 렘수면의 횟수가 4회 정도로 줄어듭니다. 기억 정착 작업의 횟수도 함께 줄어든다는 의미입니다. 배운 내용을 매일 6~7번씩 복습하는 아이가 4번 복습하는 아이보다 성적이 더 좋겠지요.

수면 시간이 짧은 아이가 성적이 낮은 건 이런 맥락에서 필연적인 결과입니다.

제가 소속되어 있는 도호쿠대학교 의과대학에 합격한 학생들에게 대학 입시를 준비할 때 몇 시에 잤는지를 물었을 때도 80퍼센트 이상이 밤 11시 이전이라고 답했습니다. 민간 조사 결과도 비슷합니다. 도쿄대학교 합격생 중 75퍼센트가 입시 준비 기간에도 밤 11시 이전에 잤다고 답했습니다(국가통계포털 자료에 의하면 2024년 기준 우리나라 고등학생의 평균 수면시간은 6~6.4시간이다. 학업 성적별로는 상위권이 7.7시간, 하위권이 6.7시간으로 나타났다·옮긴이).

아이가 밤늦게까지 공부를 하고 있으면 부모들은 방해하지 말아야겠다고 생각하며 오히려 기특해하기도 합니다. 하지만 잠을 안 자고 공부하는 아이의 뇌가 망가지는 상황이라는 점을 인지해야 합니다. 수면 부족에 시달리는 뇌의 해마는 발달을 멈추고 기억을 정착시킬 기회도 사라지게 됩니다. 이런 악순환이 지속되면 실제 시험 때는 뇌 내의 에너지가 고갈되어 힘을 발휘하지 못할 가능성이 큽니다.

성적이 좋은 아이일수록 일찍 자고 일찍 일어나며 최

소 8시간 이상 잠을 잔다는 사실을 마음속에 새기길 바랍니다. 아이가 중고생이라고 하더라도 밤 10시 이후에는 잠드는 습관을 들여야 합니다. 스마트폰이나 컴퓨터도 밤 10시 이후에는 하지 않기로 약속하는 것도 좋습니다.

아이가 어리면 밤에 자기 싫다고 투정을 부릴 수 있습니다. 그래도 집 전체의 불을 끄고 부모도 함께 이불 속으로 들어가는 규칙을 세우면 아이도 누워서 잠을 청하는 법을 배우게 됩니다. 낮에 열심히 놀게 하고 자기 전에는 그림책 두세 권 정도를 읽어주면서 일찍 잠드는 습관을 갖는 것이 아이의 두뇌 발달에 좋습니다.

환경 ① 실온 조절

공부하기 좋은 온도

공부 뇌가 최적화되는 신체 컨디션을 위해 또 한 가지 중요한 요소가 있습니다. 바로 '적절한 온도 유지'입니다. 미국 워싱턴 대학과 UC버클리대학 연구팀이 진행한 이상적인 교실 환경 연구 결과에 따르면, 햇빛을 받으며 공부하는 학생들의 성적이 그렇지 않은 학생들보다 2~26퍼센트 높았습니다. 가장 높은 성적을 낸 학생들이 모인 교실 온도를 분석해보니 섭씨 20~23도였다고 합니다. 22도 안팎에 햇빛이 잘 들어오는 곳이 공부하기에 가장 좋은 장소라고 볼 수 있지요.

기온이 너무 높거나 낮은 환경에서 인간의 뇌는 활력이 현저히 떨어집니다. 특히 최근에는 지구 온난화로 여름 폭염이 갈수록 심해지고 있어 주의가 필요합니다. 무더위로 인한 열사병에 걸리게 되면 체내의 다양한 장기의 움직임이 갑자기 둔해지고 다발성 장기부전이 발생할 수 있습니다.

미국의 한 공립학교의 조사에 따르면, 섭씨 32도인 날과 20~23도인 날에 각각 시험을 봤을 때 성적을 비교해 보니 표준 편차로 계산했을 때 32도인 날의 성적이 14퍼센트 정도 낮았다는 사실이 확인되었습니다. 열사병에 걸리지 않았더라도 기온이 너무 높은 상태가 되면 뇌의 움직임은 둔해집니다. 이렇게 더운 날에는 실온을 적절하게 유지할 수 있도록 에어컨 온도 조절에 신경 써야 합니다. 등하굣길이나 학원을 오갈 때 더위 때문에 지치지 않도록 얼음팩 등을 활용해 목 뒤를 시원하게 하는 방법도 좋습니다.

겨울에는 체온이 급격히 떨어지지 않도록 주의해야 합니다. 게이오기주쿠대학교가 조사한 결과 거실의 실온이 지나치게 낮은 주택에 사는 사람은 뇌의 신경 확산도가 낮아 뇌 내에서 정보를 전달할 때 효율이 낮다고 합니다. 세계보건기구는 건강을 위해 겨울철 집안의 실온은 아무리 낮아도 18도 이상을 유지하라고 권고합니다. 공부 효율은 물론 뇌의 건강을 유지하기 위해서 겨울에는 실온이 18도 미만으로 떨어지지 않도록 조절하는 것이 좋습니다.

환경 ② 소음 차단

공부 중 음악, TV, 스마트폰은 멀리하자

학습 환경의 절대 조건 중 하나는 소음 차단입니다. 환경이 제대로 갖추어지지 않으면 아무리 좋은 학습법이나 참고서를 사용해도 모두 물거품이 됩니다. 아이와 함께 아래 실험을 직접 해보세요.

우선 스톱워치를 사용해서 1부터 100까지 수를 최대한 빨리 셉니다. 시간이 얼마나 걸렸는지 메모해 두세요. 그다음에는 같은 행동을 TV를 켜고 해보세요. 걸린 시간을 비교해 보면 확실하게 차이를 알 수 있을 것입니다. TV를 켰을 때 시간이 더 걸립니다. 앞서 말했듯 뇌는 여러 가지 일을 한꺼번에 다 잘하지 못합니다. 한 가지 일에 집중할 때 최고의 성과를 낼 수 있습니다.

공부 중에 음악이 나오면 소리를 분석하기 위해 청각 영역이 반응하고 만약 가사가 있는 노래라면 그 의미를 이해하기 위해 베르니케 영역도 함께 움직입니다. 유튜브 같은 영상이라면 눈으로 본 것이 무엇인지 알아보기 위해 시각 영역도 부지런히 일합니다. 공부할 때 활발하게 사용하는 영역이 공부 이외의 일들에 쓰이니 공부 효율은 떨어질 수밖에 없지요.

만약 앞선 실험에서 TV를 켰을 때 수를 더 빨리 셌다면 TV 내용을 하나도 기억하지 못할 가능성이 큽니다. TV 소리에 관심을 빼앗기지 않으려고 집중했기 때문입니다. 뇌에 부하가 걸리는 이런 상태로는 장시간 집중력을 유지하기 힘듭니다. 그렇게 뇌의 에너지가 낭비되는 것이지요.

저는 논문을 쓸 때 귀마개를 하고 최대한 무음에 가까운 상태를 만듭니다. 제 아들들도 공부할 때는 방에 스마트폰을 가지고 들어가지 않기로 저와 약속했습니다.

아이가 공부하는 환경은 최대한 무음인 상태를 유지할 수 있도록 도와주는 것이 좋습니다. 만약 아이가 거실에서 공부하는 것을 좋아한다면 부모도 TV나 라디오, 음향기기를 모두 끄는 습관을 들여야 합니다.

집중력을 끌어올리는 2분 뇌 스트레칭

①
소리 내어 읽기

운동선수들은 시합 전에 충분히 스트레칭을 하며 근육과 관절을 풀어줍니다. 우리 뇌도 마찬가지입니다. 공부를 본격적으로 시작하기 전에 뇌 스트레칭을 하면 능률을 높일 수 있습니다. 뇌에 시동을 거는 단계라고 보면 됩니다.

 암기 과목 시험을 앞두고 무작정 외우기 시작했는데 뇌가 아직 둔한 상태라면 효과가 나기까지 시간도 오래 걸리고 기억도 쉽게 정착되지 않습니다. 하지만 뇌를 먼저 활성화한 뒤 암기를 시작하면 그 효과가 빠르게 나타납니다.

그렇다면 뇌의 퍼포먼스를 최대한 끌어내려면 어떤 준비 운동이 가장 효과적일까요?

첫 번째로 소리 내어 읽기입니다. 소리를 내면서 하는 공부법은 뇌 스트레칭이 될 뿐만 아니라 기억 정착에도 효과가 있습니다. 한자, 역사적 사실, 영어단어 등을 외울 때는 '소리를 내면서' 종이에 쓰면 기억 정착에 한층 더 도움이 됩니다. 이 방법은 실제 시험에서도 적용할 수 있습니다. 초등학교 저학년, 중학년은 아직 독해 능력이 충분하지 않기 때문에 계산 능력이 있더라도 문장제 문제가 나오면 못 푸는 아이들이 많습니다. 단순한 계산으로 풀 수 있는 수학 문제도 문장이 무슨 말인지 잘 모르겠다며 당황하기도 합니다. 그때 문제를 소리 내서 여러 번 읽으면 문장의 내용을 이해할 수 있고 무슨 의미인지 그림이 그려집니다. 물론 여러 사람이 시험을 보는 교실에서 큰 소리를 내서는 안 되겠지요. 실전에서는 입안에서 작은 소리로 중얼거리며 음독하는 것도 좋습니다.

집중력을 끌어올리는 2분 뇌 스트레칭

② 숫자 계산

다음으로 할 수 있는 뇌 스트레칭으로 한 자릿수 덧셈이나 뺄셈 등 간단한 연산이 있습니다. 흥미로운 사실은 숫자가 간단할수록 그 효과가 더 크다는 것입니다. 숫자 계산을 할 때 뇌 활동을 조사해보니 두 자릿수 덧셈보다 한 자릿수 덧셈을 할 때 뇌의 반응이 더 강하게 나타났습니다. 단순히 1부터 10까지의 수를 빠르게 세는 것만으로도 뇌는 활발하게 움직이는데, 흥미롭게도 그 반응은 남녀노소 동일하게 나타납니다.

저는 원자핵 물리를 연구하는 조교수에게 마음속으로 1부터 10까지 세게 하고 그동안 뇌 활동을 측정하는 실험을 한 적이 있습니다. 실험 결과, 말의 의미를 이해하는 역할을 하는 베르니케 영역과 전전두피질이 활성화한다는 사실을 확인했습니다.

대학교 물리학과 명예교수부터 대학생, 초등학생에 이르기까지 다양한 사람을 대상으로 한 자릿수 덧셈과 뺄셈을 빠르게 할 때 뇌의 움직임을 조사한 결과, 모든 피험자의 전전두피질 활성화 정도가 컸습니다. 나이, 학력과 상관없이 인간의 뇌는 '단순한 계산을 빠르게 하면 활성화한다'라는 것이 과학적으로 확인된 셈입니다.

집에서 아이들과 숫자 계산 연습을 해보고 싶다면 유리구슬의 수를 세어 보거나 1부터 100까지 빠르게 말하는 놀이도 좋습니다. 연령이 더 높다면 트럼프 카드를 뽑아서 나오는 숫자를 계속 더하는 게임도 도움이 됩니다. 어떤 방식이든 단순한 숫자 놀이를 집에서 반복하면 아이들의 뇌 발달에 좋은 영향을 줄 것입니다.

아침 활동으로 100칸 연산 등 단순한 수학 연산을 하는 학급도 있다고 하는데, 이 또한 아주 이상적인 뇌 준비 운동이라고 할 수 있습니다. 이러한 뇌 스트레칭은 기억력과 집중력을 최대 30퍼센트 끌어올리는 것으로 나타났습니다. 실험을 진행했던 저 역시 결과를 보고 놀랄 만큼 음독이나 초등학교 산수 수준의 간단한 연산이 뇌 운동 효과가 가장 좋았습니다. 다만 너무 느리게 읽거나 천천히 계산하는 건 그다지 큰 효과를 기대할 수 없습니다. 뇌를 활성화하는 비결은 '최대한 빨리하는 것'입니다. 잘못 읽을까 봐 걱정하거나 계산 실수는 신경 쓰지 말고 자신이 할 수 있는 가장 빠른 속도로 읽고 계산하는 것이 중요합니다.

공부를 시작하기 전에 교과서를 빠르게 음독하거나 스톱워치로 시간을 재면서 100칸 연산을 해봅시다. 장시간 할 필요는 없습니다. 공부를 시작하기 전 2~3분 정도면 충분합니다. 그 후에는 여느 때처럼 공부하면 됩니다. 평소보다 이해력, 기억력이 좋아짐을 느낄 수 있을 것입니다.

핵심 포인트

* 수면 부족은 인지 기능 저하와 성적 하락으로 이어진다. 수면 시간이 부족한 아이들은 학업 능력이 뒤처질 뿐 아니라 신체 능력도 떨어진다. 잠을 충분히 자지 못하면 우리 몸의 에너지 발전소 역할을 하는 미토콘드리아가 제대로 일할 수 없기 때문이다. 자는 동안 렘수면이 일어날 때 낮에 공부한 내용이 기억에 정착되므로, 렘수면 주기가 6~7번 반복될 수 있도록 충분히 자는 것이 공부 뇌를 최적화하는 기본이다.

* 적절한 온도 유지도 학업 능력에 큰 영향을 미친다. 공부하기에 가장 좋은 온도는 섭씨 20~23도이다. 기온이 너무 높으면 체내의 다양한 장기의 움직임이

둔해지고 너무 낮으면 뇌 신경 확산도가 낮아져 학습 효율이 떨어진다.

---

* 음악을 들으면서 공부하는 학생들이 많지만, 이 방법은 뇌과학적으로 봤을 때 효율이 떨어진다. 뇌는 본래 멀스태스킹을 하지 못한다. 다른 곳에 주의를 빼앗겼다가 전환하려면 시간이 소요되며, 부하가 걸려 에너지를 낭비하게 된다. 공부할 때는 기본적으로 무음이 가장 좋다.

---

* 본격적으로 공부를 시작하기 전에 2분 정도 뇌 스트레칭을 하면 뇌가 깨어나는 데 도움을 주며 학습 효과를 높일 수 있다. 가장 좋은 뇌 스트레칭 방법은 소리 내어 읽기와 한 자릿수 연산이다. 가능한 한 빠른 속도로 하면 뇌 활성화 정도가 커진다.

· 2 ·

실전:
최고의 성과를 내는
뇌과학적 공부법

반복

뇌 회로를 튼튼하게 만드는
가장 좋은 방법

어떤 문제의 답을 찾을 때 뇌세포 사이에 다리가 만들어집니다. 하지만 그 다리는 아직은 아슬아슬하게 이어져 있는 상태라고 할 수 있습니다. 이 상태로 방치하면 금세 끊어져 버릴 수 있지요.

어떤 개념에 대해 얼마 전에는 알았는데 말하려고 보니 기억이 나지 않거나 어떤 문장을 분명히 외웠는데 떠올리려고 하면 전혀 생각나지 않기도 합니다. 우리가 뇌세포 사이의 다리를 한 번만 지나가고 다시는 지나지 않기 때문에 발생하는 일입니다.

　중요한 것은 일단 이해한 후 여러 번 반복해야 한다는 점입니다. 반복은 뇌세포의 신경섬유 네트워크를 단단하고 강하게 만듭니다. 여러 번 정보가 오갈수록 조금씩 복잡하고 고차원적인 네트워크가 완성되면서 뇌는 더 효율적으로 움직이게 됩니다. 밧줄 하나로 위태롭게 이어져 있던 다리가 튼튼한 육교가 되어 많은 정보를 실은 차들이 빠르게 오갈 수 있는 상태가 되는 것이지요. 아이가 어떤 공부를 계속 반복하다 보면 질려 하지 않을까 걱정되고, 가까운 길을 멀리 돌아가는 것처럼 보일지도 모릅니다. 하지만 지식이 확산하는 과정은 하늘로 향하는 직선으로 된 화살표가 아니라 나선형이라는 점을 기억하세요. 빙글빙글 같은 지점을 반복해서 돌면서 천천히 확장되어 갑니다.

　한편 아이가 공부를 하다가 고착 상태에 빠진 것처럼 보인다면 '재충전'이 필요합니다. 저도 초등학교 시절 공부를 소홀히 하던 시기가 있었습니다. 아마 하던 공부에 지루함을 느꼈던 게 아닌가 싶습니다. 그 상황을 보신 어머니는 평소에 풀던 문제집이 아니라 다른 유형의,

조금 더 어려운 문제집을 건네주셨던 기억이 납니다. 저는 새로운 도전을 하는 기분으로 문제집을 풀며 다시 흥미를 느꼈던 것 같습니다.

이렇듯 부모는 아이를 늘 잘 관찰해야 합니다. 어떤 과목, 문제집, 책에 질려 한다면 디자인, 난이도, 설명하는 방식이 다른 참고서를 찾아서 분위기를 바꿔주는 것도 좋은 방법입니다.

액티브 리콜 공부법

뇌에 기억을
정착시키기

배운 내용을 기억 속에 정착시키려면 반복이 중요하다고 했습니다. 그렇다면 어떻게 반복을 해야 가장 효과적일까요? 썩 반갑지는 않은 말이지만, 그건 바로 '시험'입니다. 다 같이 모여 앉아 문제를 풀고 점수를 매기는 시험만을 말하는 것은 아닙니다. 머릿속에 정보를 넣은 후에 시험과 같은 형태로 확인하는 방법이면 됩니다.

공부할 때는 이해가 됐는데 막상 시험 때는 풀지 못하거나 예전에는 풀었던 문제를 다시 보니 잘 이해가 되지 않았던 경험은 누구나 있을 것입니다. 자신이 무엇을 기억하고 무엇을 기억하지 못하는지, 무엇을 이해했고 무엇을 이해하지 못했는지 제대로 확인하고 가시화하는 것이 시험입니다.

시험이 기억력을 강화한다는 사실은 수많은 연구 논문을 통해 증명되었습니다. 그중에서도 워싱턴 대학교에서 실시한 연구가 가장 유명합니다. 워싱턴대 연구팀은 같은 내용을 1~3번 학습한 학생과 한 번 학습한 내용을 1~3회 테스트한 학생으로 나눠서 각각 기억이 얼마나 정착되었는지 알아보는 실험을 했습니다. 그 결과 시험을 반복해서 본 학생들의 기억 정착률이 훨씬 더 높았습니다.

이해가 잘 안 가는 부분을 여러 번 가시화해서 완전히 숙지할 때까지 계속 반복하는 방식을 '액티브 리콜' 공부법이라고 합니다. 학습 효과를 높이는 방법으로 최근 많은 교육 기관이 도입하고 있습니다.

영어단어를 외울 때도 계속 단어장을 읽고 외우기만 하지 말고 어느 정도 외워지면 실제로 쓸 수 있는지 테스트해봐야 합니다. 역사 공부를 할 때도 마찬가지입니다. 웬만큼 외웠다면 자기 자신에게 설명해봐도 좋고, 누군가를 불러놓고 강의한다고 생각하며 스스로 확인해보면 좋습니다.

아이가 영어단어를 외웠다면 너무 부담을 주지 않는 선에서 테스트해볼 수 있도록 하고, 세계사, 국사 같은 과목은 부모가 학생 역할을 하면서 아이에게 선생님처럼 가르쳐달라고 해봅시다. 시험이라는 부담을 덜면서도 스스로 테스트하는 방법으로 지식이 머리 깊숙이 자리 잡도록 이끌어 주세요.

오답 공부법

틀린 이유를 꼼꼼히 살펴봐야 하는 이유

아이가 시험지를 가져오면 가장 먼저 어딜 보시나요? 아마도 점수일 겁니다. 그런데 잘했다거나 아쉬웠다거나 점수에 대해서만 말하고 그대로 끝내버린다면 매우 안타까운 일입니다. 뇌과학적으로 시험 점수라는 결과보다 더 중요한 건 그 문제에 왜 오답을 택했는지(썼는지) 생각해보는 일이기 때문입니다. 이런 과정을 거치면 아이가 공부한 내용이 머릿속에 확실하게 정착됩니다.

우리 연구팀의 한 실험 내용을 소개하겠습니다.

피험자의 눈을 가리고 펜으로 10센티미터를 그리게 했습니다. 그리고 선을 한 번 그을 때마다 그 선이 10센티미터가 맞는지 아닌지만 알려주는 경우와 그 선이 어느 정도의 오차가 있는지를 알려주는 경우, 뇌 활동이 어떻게 다른지 비교해봤습니다. 결과는 후자 쪽 피험자의 뇌가 더 활발하게 움직이는 걸로 나타났습니다. 10센티미터에서 오차가 어느 정도 있는지 알면 뇌는 다음에 정확히 10센티미터짜리 선을 그으려면 어떻게 해야 할지에 대한 정보를 처리하기 위해 일합니다. 결과가 정답인지 아닌지에만 초점을 맞추기보다는 잘못된 부분에 대한 힌트를 듣고 왜 틀렸는지 곰곰이 생각할 시간을 갖는 것이 중요한 이유입니다.

이제부터는 아이가 시험지를 받아 오면 몇 점인지 확인만 하고 끝내지 않도록 합시다. 잘못된 문제에 대해 왜 틀렸는지를 질문하거나 다음에 같은 문제가 나왔을 때 어떻게 풀지 생각하도록 유도하는 것이 좋습니다(이때 혼내는 것은 금물입니다).

분산 공부법

조금씩, 꾸준히
공부하는 게 효율적이다

 공부하는 방식은 각자 다르지만 대체로 두 부류로 나뉩니다. 매일 조금씩 꾸준히 하는 쪽과 미루고 미뤘다가 한꺼번에 하는 쪽입니다. 전자보다는 후자에 속하는 사람이 많을지도 모르겠습니다. 학창 시절을 돌아보면 시험 전날 벼락치기를 하고, 방학 숙제는 개학 전날 한꺼번에 몰아서 하고, 공부는 하고 싶은 마음이 들 때 한꺼번에 많은 양을 하지 않았나요?

 과연 어느 쪽이 더 효율적일까요? 뇌 구조를 생각하

면 전자가 맞습니다.

학술적으로는 조금씩 나눠서 하는 것을 분산 효과, 한 번에 몰아서 하는 것을 집중 효과라고 합니다. 기억의 효율에 관한 몇 가지 연구들을 종합해보면, 시간을 분산해서 학습하는 편이 기억 유지 효과가 높다는 결과가 나옵니다. 우리 연구팀이 초등학교 1학년을 대상으로 했던 실험도 이를 뒷받침합니다. 글자 읽는 법을 하루에 6분씩 학습한 그룹과 하루에 2분씩 세 번 학습한 그룹으로 나눠서 효과를 분석한 결과, 세 번에 나눠서 한 그룹이 학습효과가 더 높았습니다. 하루에 같은 시간을 공부하더라도 조금씩 나눠서 하는 편이 효과가 더 좋다는 사실이 확인된 것입니다. 반대로 말하면 벼락치기는 학습효과가 그다지 높지 않습니다. 오히려 공부하느라 잠자는 시간이 줄어들어 뇌가 성과를 내기 어려운 공부법이지요.

아이들이 시험 하루 전에 벼락치기 하지 않고 배운 것을 그날그날 조금씩 공부하는 습관을 들일 수 있도록 도와주시기 바랍니다.

스몰 석세스 공부법

목표까지 가는 단계를 밟으면 뇌는 끝까지 해낸다

부모님들은 자녀가 공부든 운동이든 처음에 세운 목표를 끝까지 달성하길 바랍니다. 하지만 미래의 일을 내다보면서 현재 행동을 조절하는 능력을 기대하기에 아이들은 아직 어립니다. 무언가를 시작할 때는 신나 하면서 의욕적이라고 해도 금세 싫증 내거나 포기하는 때가 많지요. 새 문제집을 사주면 아이가 한 달 만에 전부 끝내겠다고 큰소리를 치다가도 일주일도 안 돼 포기하고 문제 푼 흔적도 없이 그대로 방치한 경험이 몇 번쯤 있으실 겁니다.

중간에 포기하지 않고 끝까지 해내는 아이들에게는 특별한 무언가가 있는 걸까요? 본래 타고나길 끈기가 있는 아이도 있겠지만, 부모의 도움으로 끈기를 기를 수도 있습니다. 그 힌트를 얻을 수 있는 연구를 소개하겠습니다. 2020년 4월, 일본 과학기술진흥기구와 국립신경정신의료연구센터의 공동 연구팀은 '목표 세분화'가 뇌 구조에 변화를 일으켜 최종적인 목표 달성을 하는 데 긍정적 영향을 끼친다는 사실을 밝혀냈습니다. 실험 내용은 이렇습니다. 우선 참가자들 모두 퍼즐을 마지막까지 다 맞추겠다는 목표를 설정하게 했습니다. 그리고 목표를 세분화해 작은 목표를 달성할 때마다 성취감을 느낄 수 있도록 프로그램을 짰습니다. 이렇게 하나씩 도장을 깨는 방식은 끝까지 해내는 힘이 약하다고 판단되었던 피험자에게도 효과가 있었습니다. 결국 참가자 모두 마지막까지 퍼즐을 완성했습니다.

주목할 부분은 이 학습 프로그램에 참여한 사람들의 전두엽의 맨 앞부분인 전두극frontal pole 구조가 눈에 띄게 변화했다는 사실입니다, 전두극은 장기 목표와 미래

계획을 수행하는 역할을 담당하는 인간 고유의 뇌 영역입니다. 우리가 이 실험으로부터 낼 수 있는 결론은, 최종 목표를 먼저 세운 뒤 하위 목표를 여러 개로 세분화하면 마지막까지 해내는 힘이 길러진다는 것입니다.

예를 들어 아이가 한 권의 문제집을 한 달 만에 끝낸다는 큰 목표를 설정했다면 하루에 3페이지를 끝낸다는 하위 목표를 설정해줍니다. 그리고 아침에 반드시 한 페이지를 끝낸다는 더 세부적인 목표를 설정하는 것도 좋

습니다. 이렇게 작은 목표를 여러 개 세우면 목표 하나를 달성할 때마다 성취감이라는 보상을 받을 수 있습니다. 조금만 노력해도 보상을 받으니 아이의 뇌는 더 의욕적으로 일합니다. 어린아이라면 작은 목표를 달성할 때마다 크게 동그라미를 쳐주거나 형형색색의 스티커를 붙여주는 것도 좋은 보상이 될 수 있습니다.

'스몰 석세스small success'는 많은 심리학자와 경영학자가 활용하는 개념입니다. 작은 성공 경험으로 성취감과 자신감을 쌓고, 이를 기반으로 더 큰 목표를 이룰 수 있음을 이야기할 때 주로 사용하지요. 작은 성공을 반복한 경험이 있는 아이들은 끝까지 해내는 힘이 있는 뇌를 갖게 됩니다.

핵심포인트

* 반복은 뇌세포 사이를 잇는 다리를 튼튼하게 만드는 과정이다. 학습을 여러 번 반복할수록 뇌세포 사이에 더 고차원적인 네트워크가 완성되면서 정보가 효율적으로 오가게 된다. 하지만 같은 루틴을 지속하면서 아이가 지루해한다면 문제집을 바꿔주는 등 새로운 공부 방식을 적용해주는 것이 필요하다.

* 이해가 잘 가지 않는 부분을 여러 번 가시화해서 완전히 알 때까지 반복하는 방식인 액티브 리콜 공부법은 기억 정착률을 높인다. 학습 후에는 자기 자신에게 설명하거나 부모에게 가르쳐주는 방식으로 아이가 공부한 내용을 스스로 테스트할 수 있도록 해보자.

* 시험 점수가 몇 점인지보다는 어떤 문제를 왜 틀렸는지 자세히 살펴보는 것이 성적 향상에 도움이 된다. 뇌는 정답인지 오답인지만을 알려줄 때보다는 오답이 왜 오답인지 인지할 때 정답에 가까워지기 위해 더 활발하게 움직이기 때문이다.

---

* 시험 전날 몰아서 공부하는 벼락치기 공부법은 뇌과학의 관점에서 좋은 방법이 아니다. 학습 내용의 범위와 공부 시간을 조금씩 나눠서 하는 분산 공부법이 장기 기억 저장에 더 도움이 된다.

---

* 처음부터 큰 목표를 세우기보다는 매일 실행할 수 있는 작은 목표로 나누어 성취하는 기쁨을 느끼게 하면 공부하는 끈기를 기를 수 있다. 작은 성취를 반복하다 보면 장기 목표와 미래 계획을 수행하는 역할을 담당하는 뇌의 전두극에 자극을 주어 끝까지 해내는 힘이 커지는 것이다.

· 3 ·

부모의 역할:
공부하는 자녀의
러닝메이트가 되자

포기하지 않는 아이를 만드는 부모의 격려

새롭고 생소한 내용을 처음 공부할 때를 떠올려보세요. 나만 이해가 안 가는 건지 초조해지고 답답하고 짜증이 나기도 했을 겁니다. 하지만 그때 뇌 안에서는 많은 뇌세포가 열심히 활동합니다. 신경섬유가 서로 가지를 뻗어가며 답을 찾기 위한 길을 내는 공사를 하는 것이지요. 어려워도 포기하지 않고 문제에 대해 계속 생각하다 보면 뇌세포 사이에 생긴 길을 따라 정보가 흘러갈 수 있게 됩니다. 그렇게 정보가 오가면서 정답을 찾는 능력이 생기지요. 생각하는 게 귀찮고 어렵다고 해서 중간에 멈춰버리면 뇌세포 사이에 길이 생기려다 말고, 신경섬유도 늘어나지 않습니다. 뇌세포들은 서로 연결되지 못한 채로 각자 외톨이 섬이 되어버리는 것이지요. 이런 습관이 반복되면 뇌가 발달하기는커녕 제 기능을 하기도 어렵습니다.

특히 어린아이는 '어차피 못할 거니까 안 할래!' 하며 중간에 포기하기도 합니다. 그럴 때 부모님은 뇌세포 사이에 다리를 놓아줄 기회라고 생각하면서 말을 걸어주어야 합니다. 구체적으로는 "그 전 단계에서는 뭘 배웠어?" "바로 앞에서는 이렇게 했었지?"와 같이 지금 눈앞에 놓여있는 문제 바로 앞의 내용으로 돌아가서 생각하도록 유도하는 것입니다.

학교 교과는 체계적으로 구성되어 있어서 바로 전 단계로 돌아가서 복습하며 이해한 후 다시 한번 문제를 풀어보면 쉽게 풀리는 경우도 많습니다. 예를 들어 일본 교육과정에서는 초등학교 5학년 때 분모가 각기 다른 분수의 덧셈과 뺄셈을 배우는데, 많은 아이들이 어려워합니다. 이 단원에서 문제를 내면 틀리고, 이해하지 못한 채 넘어가 버리기도 합니다. 그럴 때는 4학년 교과과정으로 돌아가 분모가 같은 분수의 덧셈과 뺄셈을 복습하는 것입니다. 아니면 통분만 여러 번 다시 해 봅니다. 이런 식으로 아이가 어려워하는 부분보다 한 단계 낮은 수준으로 돌아가 되짚다 보면 어렵게 생각했던 개념이 생각보다 쉽게 이해되기도 합니다.

이 방법을 뇌과학적으로 설명해보면, 서로 떨어져 있던 앞 단원 뇌세포와 뒤 단원 뇌세포가 계속해서 손을 뻗다 보니 둘 사이를 잇는 다리가 생기는 것입니다. 한번 다리가 생기고 나면 이전에는 보이지 않았던 문제의 원리가 보이게 되고, 정답을 수월하게 찾을 수 있게 됩니다.

시험 전날
해야 할 일
세 가지

중요한 시험을 앞두고 있을 때 아이들은 불안에 휩싸이기 쉽습니다. 지나치게 긴장하면 불면증에 시달리기도 하고 시험 당일에 실력 발휘를 제대로 못 할 수도 있습니다. 부모님은 중간·기말고사나 입시 전날에 아이의 불안감과 긴장감을 완화하기 위한 세 가지 방법을 기억해 두면 좋습니다.

첫 번째는 지금까지 했던 공부를 차분하게 되짚어보는 것입니다.

시험을 코앞에 두고 새로운 개념을 익히거나 문제를 푸는 일은 되레 불안감만 키울 수 있습니다. 가장 좋은 방법은 지금까지 공부했던 참고서나 문제집, 필기 노트나 모의시험 등의 결과를 전체적으로 훑어보는 것입니다. 얼마나 많은 양의 공부를 했는지, 어느 정도 성적이 올랐는지를 되짚어보면서 여태까지 했던 노력이나 성과를 눈으로 확인합니다. 이렇게 아이가 열심히 공부했던 내용을 찬찬히 훑어보면 불안을 완화하고 자신감을 키울 수 있습니다.

"평소에는 부정적인 기억보다도 긍정적인 기억이 더 강하게 오래 남는다. 하지만 우울증에 걸리면 나쁜 기억이 더 강하게 남는다." 하버드 대학교 신경정신의학자 다니엘 딜런Daniel Dillon이 한 말입니다. 우울증은 아니더라도 중요한 시험을 앞둔 때처럼 일시적으로 불안이 높은 경우에도 나쁜 기억이 더 강하게 떠오를 수 있습니다. 부정적인 감정 상태가 시험에도 좋지 않은 이유는 기억력을 떨어뜨리기 때문입니다. 아이가 시험을 앞두고 불안해한다면 먼저 그동안 했던 노력을 칭찬하며 안심시켜주세요. 그리고 틀렸던 문제를 다시 보고, 중요한 내용을 훑어보면서 곁에서 격려해주시기 바랍니다. 학습 능력에도 도움이 되고 아이가 심리적 안정을 얻을 수 있게 보듬는 방법이기도 합니다.

두 번째는 호흡 명상입니다.

명상이라고 하면 주문을 외우는 행위 같은 것 아닌가, 무슨 효과가 있냐고 의심하는 분들도 있습니다. 하지만 호흡 명상이 스트레스를 줄이고 불안감을 낮춘다는 사실은 많은 과학적 연구로 뒷받침되고 있습니다.

호흡 명상은 1970년 미국에서 '마인드풀니스mindfulness'가 주목받으면서 시작되었습니다. 마인드풀니스란 불교 명상에서 유래한 개념으로 현재 일어나는 일에 집중한 상태로 마음을 정돈하기 위한 행위입니다. 그 방법은 주로 호흡 명상인데, 의식을 집중하는 것이 목적입니다.

수많은 정보가 쏟아지는 현대 사회에서 우리의 뇌는 자주 과부하 상태에 빠집니다. 바쁘게 돌아가는 일상 속에서 일, 공부, 인간관계로 지치기도 합니다. 마인드풀니스는 이렇게 피곤함에 찌든 뇌를 돌보는 역할을 합니다. 호흡 명상법은 현재 많은 교육 기관이나 의료 기관, 비즈니스 현장에서 활용하고 있습니다.

오랜 시간 힘든 수험 생활을 하는 아이들의 뇌도 시험 직전에는 피로가 절정에 달합니다. 이렇게 뇌가 피로해지면 인지 기능이 떨어지고 수면의 질도 나빠집니다. 긴장과 불안을 완화하기 위해서라도 시험 전날 밤에는 취침 전에 10분 정도라도 좋으니 함께 호흡 명상을 해보시길 바랍니다.

방법은 매우 간단합니다. 편안한 자세로 앉거나 천장을 보고 누워서 호흡에 집중합니다. 숨을 내쉬고 들이쉬는 코, 호흡하면서 커지거나 작아지는 배에 의식을 집중합니다. 중간에 정신이 흐트러지더라도 신경 쓰지 말고 바로 다시 호흡에 집중하면 됩니다. 10분 정도 하면 머리도 마음도 상쾌해집니다.

<u>세 번째는 8시간 이상 수면입니다.</u>

아무리 공부를 많이 했더라도 시험 당일에 수면이 부족하면 의미가 없습니다. 아이가 자기 전에 스마트폰을 만지지 않도록 주의해야 합니다. 지금까지 했던 공부를 돌아보고, 호흡 명상까지 하고 나면 몸과 마음의 긴장이 풀리고 편안하게 잠들 수 있는 상태가 되어있을 것입니다. 그 후에는 바로 잠자리에 들도록 해야 합니다. 호흡

명상을 하다가 그대로 잠들어도 좋습니다.

위 세 가지를 꼭 지켜보시길 바랍니다. 시험 당일 아침에 아이의 뇌가 가장 좋은 성과를 낼 수 있는 상태가 될 것입니다.

온 가족 공부 뇌 트레이닝 게임 ④

기억력 단어 기억 게임

기억력을 강화하는 단어 기억 게임입니다. 짧은 시간 동안 간단한 단어를 여러 개 기억하는 훈련을 하며 공부할 때 필요한 기본 능력인 기억력을 강화해봅시다. 최선을 다해서 하다 보면 앞에서 설명한 전이 효과가 일어나 집중력과 사고력 향상 효과도 기대할 수 있습니다.

1단계
단어 순서 거꾸로 외워서 말하기

15초 동안 문제 각각의 단어를 외우고 역순으로 소리 내어 말한다.

STEP ①

문제 1, 2는 4개의 단어, 문제 3, 4는 6개의 단어를 각각 15초 동안 기억한다(소리를 내며 외우는 것이 비결).

STEP ②

외운 순서와 반대로 단어를 소리 내서 말한다.

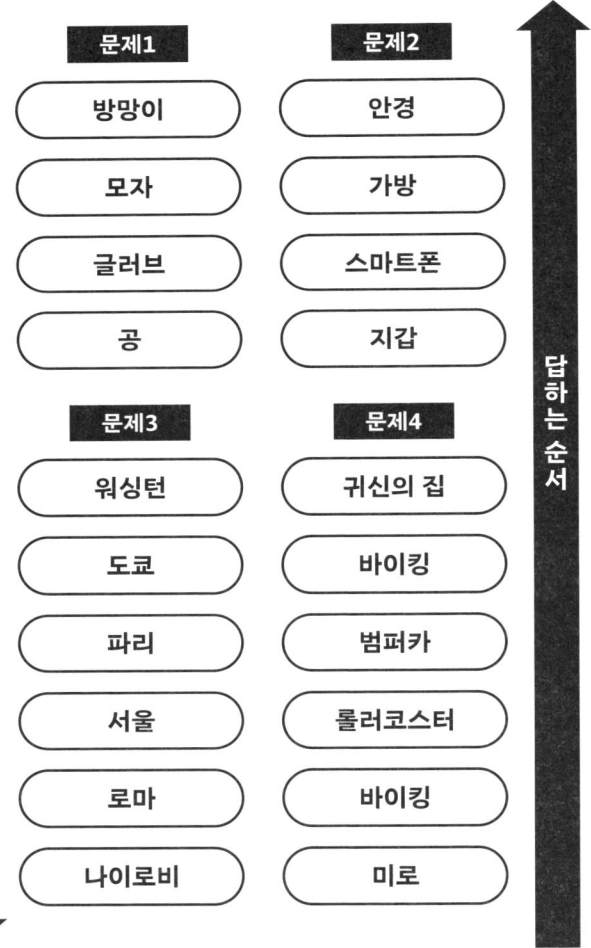

2단계
단어를 기억해서 짧은 문장 만들기

다양한 단어를 외우며 기억력을 키우고, 외운 단어를 활용해 문장을 만들어보는 과정에서 창의력과 논리적 사고력도 자라는 게임이다. 모든 단어를 사용해 말이 되도록 문장을 구성하는 훈련은 글쓰기를 어려워하는 아이에게도 좋은 연습이 된다.

STEP ①

우선 종이와 펜을 준비한다. 주어진 단어를 제한 시간 15초 동안 기억한다.

STEP ②

15초 동안 외웠다면 그 단어를 모두 사용해서 문장을 만들어본다. 말이 되는 문장을 빨리 완성하는 사람이 승리!

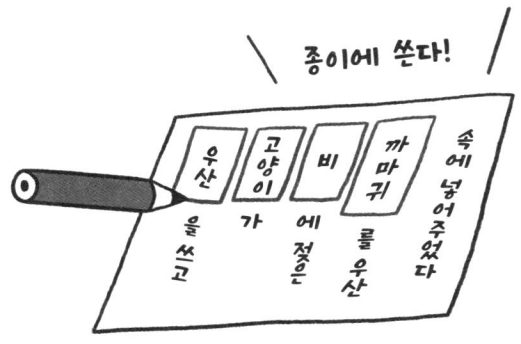

단어를 15초 동안 기억한다

문제1
- 컵
- 책상
- 노트
- 지우개

문제2
- 하늘
- 공원
- 그네
- 철봉

문제3
- 기차
- 승강장
- 열차표
- 운전사
- 좌석

문제4
- 바다
- 튜브
- 빙수
- 고래
- 파도

빠르게 문장을 완성한 사람이 승리!